Carl-Auer

Es knirscht in
den Institutionen;
es ist der Sand
der politischen
Kommunikation.

Harry Lehmann

IDEOLOGIE MASCHINEN

Wie Cancel Culture funktioniert

2024

Reihe »update gesellschaft«
hrsg. von Matthias Eckoldt
Umschlagentwurf: B. Charlotte Ulrich
Redaktion: Alexander Eckerlin
Layout und Satz: Melanie Szeifert
Printed in Germany
Druck und Bindung: CPI books GmbH, Leck

Erste Auflage, 2024
ISBN 978-3-8497-0545-9 (Printversion)
ISBN 978-3-8497-8497-3 (ePub)

Bibliografische Information der Deutschen Nationalbibliothek:
Die Deutsche Nationalbibliothek verzeichnet diese Publikation
in der Deutschen Nationalbibliografie; detaillierte bibliografische
Daten sind im Internet über http://dnb.d-nb.de abrufbar.

Informationen zu unserem gesamten Programm, unseren Autoren
und zum Verlag finden Sie unter: **https://www.carl-auer.de/**.
Dort können Sie auch unseren Newsletter abonnieren.

Carl-Auer Verlag GmbH
Vangerowstraße 14 · 69115 Heidelberg
Tel. +49 6221 6438-0 · Fax +49 6221 6438-22
info@carl-auer.de

Inhalt

Vorwort

Freiheitsrechte gehören zum Kernbestand liberaler Demokratien; die Wissenschaftsfreiheit, die Lehrfreiheit und die Kunstfreiheit wurden hierzulande sogar in den Status von Verfassungsgrundsätzen erhoben, um Hochschulen, Akademien, Museen, Theater und Kultureinrichtungen vor staatlichen Eingriffen und religiösen Zumutungen zu schützen. Seit einiger Zeit lässt sich allerdings eine gesellschaftliche Entwicklung beobachten, vor der selbst das Grundgesetz wenig schützt. Jene verfassungsmäßig verbürgten Freiheiten werden nämlich von jenen Institutionen freiwillig preisgegeben. Das Phänomen, das unter dem Label der »Cancel Culture« daherkommt, hat seinen Ursprung in amerikanischen Eliteuniversitäten und verbreitet sich inzwischen auch in Europa.

Wir gehen davon aus, dass es sich bei dem *Cancel-Culture-Syndrom* – worunter wir den ganzen Komplex aus *cancel culture, wokeness, victimhood culture, safetyism* und *identity politics* verstehen – um ein Oberflächenphänomen handelt, dem ein viel gravierenderes Problem zugrunde liegt: Infolge der digitalen Medienrevolution verlieren die Institutionen in liberalen Demokratien die Fähigkeit, eine Grenze zwischen politischer und nichtpolitischer Kommunikation zu ziehen, was zu erheblichen Dysfunktionalitäten führt. Aus diesem Blickwinkel zeigt sich sofort, dass Cancel Culture sowohl einen linken als auch einen rechten Spin haben kann.

Um diese These sinnvoll diskutieren zu können, benötigt man einen trennscharfen Begriff politischer Kommunikation.

Wir greifen an dieser Stelle auf eine Ideologietheorie zurück und gehen davon aus, dass politische Kommunikation immer schon auf Ideologien beruht (Kapitel 1 & 2). Mit diesem Ansatz lässt sich zeigen, wie und warum sich in Institutionen heute kommunikative Rückkopplungsschleifen ausbilden, die politische Kommunikation systematisch verstärken. Das Knirschen der Institutionen liegt also nicht an dieser oder jener Ideologie, weil sie zum Beispiel die Gestalt der Identitätspolitik annimmt oder als Wokeness in Erscheinung tritt – diese politischen Ideen und Praktiken existieren schon seit Jahrzehnten. Es geht auch nicht um eine generelle Kritik am politischen Aktivismus. Vielmehr sind es die Verstärkungsmechanismen, die mit dem Internet, dem Smartphone und den sozialen Plattformen in die Welt kommen, mit denen sich die Lautstärke von politischer Kommunikation bis an die Schmerzgrenze hochregeln lässt. Das kann im Extremfall zu Resonanzkatastrophen führen, in deren Folge Institutionen anstelle von Wissen, Bildung und Kunst Ideologie produzieren: Sie verwandeln sich in *Ideologiemaschinen* (Kapitel 3). Nachdem wir diese Leitthese des Buches anhand eines »komischen Beispiels« aus der Theaterwelt veranschaulichen (Kapitel 4), stellen wir kurz die wichtigsten »Erklärungsmodelle« der Cancel Culture vor und diskutieren ihre Stärken und Schwächen (Kapitel 5). Kann man den Mechanismus der Ideologiemaschinen hinreichend konkret beschreiben, der zu einer dysfunktionalen Politisierung von Institutionen führt, dann lassen sich auch Vorschläge zur Systemtherapie entwickeln (Kapitel 6). Man kann Ideologieunterbrecher in die Institutionen einbauen, wodurch sich liberale Demokratien restabilisieren lassen.

Ideologien als Sprachspiele

Die Ausgangsthese für unser Erklärungsmodell bildet eine von Michael Freeden entwickelte Ideologietheorie.[1] Freeden begreift eine Ideologie als »eine Art Sprachspiel«[2], dessen zentrale Elemente in politischen Ideen wie Freiheit, Gleichheit, Gerechtigkeit, Solidarität, Diversität, Macht, Tradition, Autorität und Demokratie bestehen. All diese politischen Kernbegriffe sind nicht eindeutig definiert, sondern besitzen mehrere Bedeutungsdimensionen. »Gleichheit« kann im Sinne von Chancengleichheit oder von Ergebnisgleichheit verstanden werden; »Freiheit« kann das Freisein zur Selbstverwirklichung oder die Befreiung aus Abhängigkeits- und Ausbeutungsverhältnissen meinen. Ideologien bringen diese politischen Kernbegriffe nun in eine je spezifische Konfiguration, in der sie ihren Bedeutungsspielraum wechselseitig limitieren. Dabei geraten die politischen Ideen in ein hierarchisches Verhältnis zueinander, so dass etwa der Freiheitsbegriff in der liberalen Parteienfamilie einen Höchstwert darstellt und Gerechtigkeitsforderungen limitiert, wohingegen in der sozialdemokratischen Parteienfamilie der Gerechtigkeitsbegriff primär ist und das Konzept der Freiheit beschränkt.

Eigentlich handelt es sich bei politischen Kernbegriffen aber um gleichrangige Begriffe; es gibt keine Letztbegründung dafür, dass Gerechtigkeit wichtiger als Freiheit oder Freiheit wichtiger als Demokratie oder Demokratie wichtiger als Gleichheit ist. Zumindest gilt diese Gleichrangigkeit in liberalen Demokratien, weil sich in dieser Gesellschaftsformation der Vorrang einer politischen Idee vor einer anderen jederzeit bestreiten lässt und von Parteien, die öffentlich miteinander konkurrieren, auch permanent lautstark bestritten wird. Es sind also erst Ideologien, die eine spezifische Hierarchie in den politischen Ideenhimmel bringen und den Bedeutungsspielraum politischer Kernbegriffe so stark begrenzen, dass sich feste Denk- und Argumentationsmuster ausbilden. Entsprechend besteht eine wesentliche Funktion von Ideologien darin, bestimmte politische Ideen aufzuwerten und zu legitimieren und andere abzuwerten und zu delegitimieren. Das heißt aber, dass sich aus dem gleichen Set von politischen Ideen verschiedenartige Ideologien zusammenbauen lassen. Freeden veranschaulicht diesen zentralen Gedanken seiner Theorie mit einer eingängigen Metapher:

> *»Eine Ideologie ist wie ein Set von Möbelmodulen, die auf viele Weisen zusammengestellt werden können [...]. Durch verschiedene Arrangements der Möbel können wir sehr unterschiedliche Räume schaffen, selbst wenn wir die gleichen Einheiten verwenden. Aus diesem Grund können identische politische Begriffe als Bausteine für eine Vielzahl unterschiedlicher Ideologien dienen, weil ein und dasselbe Modul (Begriff) in zwei unterschiedlichen Räumen (oder Ideologien) eine unterschiedliche Rolle spielen kann (oder eine unterschiedliche Bedeutung haben kann).«*[3]

Zu den Konsequenzen dieser Ideologietheorie gehört, dass Volksparteien (wie etwa die CDU und die SPD in Deutschland) das Standardmodell für Ideologien abgeben, denn nur die Parteien der politischen Mitte greifen bei ihrer Ideologiebildung tatsächlich auf das ganze Repertoire politischer Kernbegriffe zurück und bringen es in ein je eigenes Arrangement. Freeden spricht hier von Mainstream-Ideologien und grenzt sie von »dünnen Ideologien« (»*thin ideologies*«) wie etwa dem »Nationalismus« und dem »Feminismus« ab.[4] Protestbewegungen, Ein-Themen-Parteien, aber auch alle Spielarten des Populismus folgen solchen dünnen Ideologien, indem sie eine einzige politische Idee sehr stark präferieren. Insofern das Absolutsetzen eines politischen Wertes es leicht macht, auf andere politische Werte keine Rücksicht zu nehmen, haben diese Ideologien auch einen intrinsischen Hang zur Radikalität. Würde man solche einwertigen Programme tatsächlich umsetzen, käme man sehr schnell in Bereiche, in denen die Politik eine autokratische, illiberale oder antidemokratische Schlagseite bekommt.

In der parlamentarischen Auseinandersetzung haben solche dünnen Ideologien aber kaum eine Chance, weil ihre Vertreter ständig herausgefordert werden, sich öffentlich zu Konflikten zu äußern, in denen auch die von ihnen marginalisierten politischen Begriffe relevant sind. Radikale Parteien werden auf der Bühne des Parlaments performativ dazu gezwungen, ihr beschränktes Set an politischen Begriffen zu komplettieren, die sich aber, sobald sie in einen Argumentationszusammenhang gebracht werden, wechselseitig zu relativieren beginnen. Dass radikale Parteien sich selbst entzaubern, liegt unter anderem daran, dass mit zunehmendem

Erfolg ihr ideologisches Sprachspiel mehrwertig wird (also zumindest neben Gerechtigkeitswerten auch Freiheitswerte vice versa berücksichtigt). Insofern besitzt der Disput im Parlament eine zivilisierende Wirkung auf politische Ideologien.

Freedens sprachphilosophische Ideologietheorie erfasst einerseits die genuine Mehrdeutigkeit und Ambivalenz politischer Ideen und zeigt andererseits auch, dass diese Ideen in der konkreten Konfiguration einer Ideologie ihre ursprüngliche Polysemie weitgehend verlieren. Der entscheidende Theoriezug besteht aber darin, dass Ideologien für diejenigen, die in sie involviert sind, selbstevident werden. Freeden spricht hier von *»decontestation«*, wobei es sich hier um ein politologisches Kunstwort handelt, das von *»contestation«* abgeleitet ist, was wiederum so viel wie »Streit« oder »Bestreiten« heißt. Ideologien besitzen also die Eigenschaft der »Unbestreitbarkeit« bzw. sie scheinen denjenigen, die dieses Sprachspiel verinnerlicht haben, unbestreitbar zu sein. Im Sinne einer Kurzdefinition heißt es:[5]

> *»Eine Ideologie ist ein weitreichendes strukturelles Arrangement, das einer Reihe von politischen Begriffen, die sich wechselseitig definieren, eine unbestreitbar gemachte Bedeutung [decontested meaning] zuschreibt.«*

Darüber hinaus beschreibt Freeden einen logischen und einen kulturellen Mechanismus, über den sich die »Unbestreitbarkeit« von Ideologien jeweils herstellt. Der logische besteht darin, dass Ideologien spezifische Argumentationszusammenhänge entwickeln, in welchen ihre politischen Kernbegriffe miteinander verknüpft werden, und dass die dabei vorgebrachten Prämissen, Begründungen und Schlussfolgerungen – so wie jede schlüssige Argumentation – eine genuine Überzeugungskraft besitzen.

Die andere Evidenzquelle von Ideologien besteht in kulturellen Anlehnungskontexten, wie sie von Konventionen, Traditionen, Religionen oder wertebasierten Milieus bereitgestellt werden. Insofern diese Überzeugungssysteme für bestimmte soziale Gruppen mit einer solchen Selbstevidenz verbunden sind, dass sie nie hinterfragt werden, scheinen sie den Subjekten, welche diese Überzeugungen besitzen, auch *unstrittige* Tatsachen zu sein. Ideologien bauen diese Selbstverständlichkeitskontexte in ihre Sprachspiele ein, indem sie kontinuierlich auf sie verweisen. Für die Christdemokraten liegt oder lag die wichtigste Plausibilitätsressource im Christentum, für die Grünen in ihrer Verwurzlung im Naturschutz, für die Sozialdemokraten in ihrer Verbundenheit mit den Arbeitermilieus.

Wenn Ideologien die politischen Kernbegriffe in ein je spezifisches Arrangement bringen, das aufgrund seiner logischen Konsistenz und seiner kulturellen Evidenzen den Anschein der Unbestreitbarkeit erweckt, wird damit nicht nur eine feste Argumentationsstruktur geschaffen, die sich richtig oder falsch reproduzieren lässt, sondern auch ein Spielraum, innerhalb dessen man mit einer gewissen Unschärfe sprechen und »parteiintern« auch streiten kann. Vor allem dieser

Aspekt, dass sich Ideologien nach außen hin unbestreitbar machen und zugleich einen Innenraum für den Streit offenhalten, lässt sich mit Wittgensteins Sprachspiel-Theorie gut erklären: Die unterschiedlichen Argumentationsstränge innerhalb einer Ideologie besitzen eine Familienähnlichkeit, so dass daraus auch die Möglichkeit zur Fraktionsbildung und zu Flügelkämpfen innerhalb politischer Organisationen entsteht. Ideologien sind also Sprachspiele mit begrenzter Rede- und Gedankenfreiheit.

So viel zu den wesentlichen Bausteinen der Freeden'schen Ideologietheorie, welche den Autor allerdings zu der Schlussfolgerung führt, dass wir alle Ideologen seien:

> *»Wir produzieren, verbreiten und konsumieren unser ganzes Leben lang Ideologien, ob wir uns dessen bewusst sind oder nicht. Ja, wir sind alle Ideologen, denn wir haben ein Verständnis für das politische Umfeld, dem wir angehören, und wir haben Ansichten über die Vorzüge und Schwächen dieses Umfeldes.«*[6]

Aber wieso ist man bereits ein Ideologe, wenn man sein politisches Umfeld versteht? Man kann viele Dinge verstehen, ohne dass man sie gutheißt oder sich mit ihnen identifiziert.

Wenn das wichtigste Signum einer Ideologie ihre »Unbestreitbarkeit« ist, dann manifestiert sich in Ideologien ein Kommunikationsstil, der mit demjenigen der Wissenschaft und der Kunst inkompatibel ist: Hier kann jede Überzeugung in Form von Theorien oder Kunstwerken »bestritten«

werden. Der Verfassungsgrundsatz »Kunst und Wissenschaft, Forschung und Lehre sind frei« fordert in letzter Konsequenz Ideologiefreiheit, also die Freiheit von dem Zwang, eine Aussage oder Sichtweise als *unbestreitbar* hinnehmen und gelten lassen zu müssen. Nur autoritäre Regime achten darauf, dass es in der Gesellschaft keine ideologiefreien Räume gibt.

Freeden schränkt den Ideologiebegriff von vornherein auf »politische Ideologien« ein und zeigt dann, dass das Wesen der politischen Kommunikation in ihrer Ideologieförmigkeit liegt.[7] Politische und ideologische Kommunikation werden damit zu Synonymen. Entsprechend deckt sich Freedens Aussage, dass es im Prinzip keine nichtideologische Beobachterposition gibt, mit der weitverbreiteten Auffassung, dass alle Kommunikation »immer schon politisch« verfasst sei – eine Überzeugung, die ihren Niederschlag in Slogans wie »Das Private ist politisch« oder »Alle Kunst ist politisch« findet. Vermutlich neigen Politikwissenschaftler dazu, den Geltungsbereich des Politischen zu überschätzen, obwohl es sich eigentlich auch hier um eine Wissenschaft handelt, deren Anspruch darin besteht, das Feld der Politik auf eine wissenschaftliche, nichtideologische Weise zu erforschen. Bei jenem Satz »Wir sind alle Ideologen« handelt es sich wohl um keine wissenschaftliche Aussage, sondern um eine typische *déformation professionnelle.*

Es lassen sich auch mehrere Einwände gegen dieses überdehnte Ideologieverständnis vorbringen: Zum einen konnte man in den letzten Jahrzehnten eine immer stärkere Auflösung jener sozialen Milieus beobachten, die Freeden selbst zu den Plausibilitätsressourcen von ideologischen Sprachspielen zählt. Der Einfluss von Kirchen und Gewerkschaften nimmt ab, die Berufsbiografien werden brüchig, die Menschen wechseln häufiger den Wohnort, ziehen in multikulturell geprägte Großstädte, und es bildet sich eine kosmopolitische Bevölkerungsschicht aus, die nicht mehr in einer bestimmten Nation, Religion oder Kultur verwurzelt ist. Mit dem Schwächerwerden solcher Anlehnungskontexte müssten, nach Freedens Theorie, auch die Ideologien an Einfluss in der Gesellschaft verlieren – wogegen aber die starke gesellschaftliche Politisierung heute spricht.

Zum anderen verhalten sich Menschen nicht einmal im ureigensten Feld des Politischen – nämlich bei Wahlen – ideologisch. Ideologien sind unverzichtbar, um politische Entscheidungen zu ermöglichen, aber das heißt nicht zwangsläufig, dass jeder einzelne Bürger eine Ideologie verinnerlichen muss. Die Funktion des politischen Systems besteht darin, dass die Gesellschaft »kollektiv bindende Entscheidungen«[8] herstellen kann. Dieses Ziel lässt sich, bei der Vielzahl von Interessen, kulturellen Prägungen und differierenden Moralvorstellungen, tatsächlich nur mit Hilfe von ideologischen Sprachspielen erreichen, denn sie konstruieren aus den unzähligen privaten Weltsichten jene großformatigen politischen Perspektiven, zwischen denen die Bürger dann eine Wahl treffen können. Ideologien sind Vehikel, größere Bevölkerungsgruppen von politischen Programmen und Zielen zu überzeugen, nach denen die Gesellschaft umgestaltet (oder nicht umgestaltet) werden soll.

Genau genommen stehen Ideologien aber nicht für sich allein, sondern existieren in liberalen Demokratien immer nur in Konkurrenz zu anderen Ideologien. Sie haben also keinen Wert an und für sich, sondern gewinnen diesen immer erst aus der *ideologischen Differenz*, die sich mit ihrer Hilfe konstruieren lässt. Entsprechend geht es in Demokratien auch nicht darum, die eigene Bevölkerung ideologisch zu indoktrinieren, wie das in Diktaturen der Fall ist, sondern die von den Parteien vertretenen Ideologien dienen in erster Linie dazu, politische Alternativen herzustellen, in denen die Wähler »gemeinsame Interessensunterschiede« artikulieren können. Letztendlich sind diese divergierenden Gemeinsamkeiten aber sehr anspruchsvolle politische Konstruktionen.

Man braucht sich also mit einer Ideologie nicht zu identifizieren, um eine Wahlentscheidung treffen zu können, man benötigt hierfür lediglich einen Vergleichsgesichtspunkt. Wenn man sich erst einmal zwischen verschiedenen Alternativen entscheiden kann, dann kann man sich auch für das vermeintlich geringere Übel entscheiden, oder es gibt ein bestimmtes Thema, bei dem man sein Kreuz macht, oder man wählt einfach nur Personen, die man für besonders vertrauenswürdig oder vielversprechend hält. Nur Parteimitglieder, politische Aktivisten und Menschen, zu deren Lebensentwurf es gehört, sich als politische Subjekte zu verstehen, bringen ihre Weltsicht mit einer bestimmten Ideologie zur Deckung. Der Großteil der Bevölkerung bildet aber kein essenzialistisches Verhältnis zu Ideologien aus.

Obwohl es erhebliche Zweifel an der These vom universellen Charakter ideologischer Kommunikation gibt, so entwickelt Freeden doch die entscheidenden Ideen, um das Wesen politischer Kommunikation zu verstehen. Die Konzeption bleibt jedoch an einem bestimmten Punkt unscharf und liefert uns entsprechend nur ein Grundverständnis dafür, wie sich politische und nichtpolitische Kommunikation unterscheiden lässt. Eine Theorie, die eine Ideologie als Konfigurationen politischer Kernbegriffe begreift, welche ein unbestreitbares Sprachspiel ermöglichen, besitzt zumindest zwei Unzulänglichkeiten. Sie stellt einerseits alle Kommunikation unter Ideologieverdacht, und sie vermag andererseits auch jene Ideologisierungsprozesse nicht zu analysieren, wie sie heute in der Wissenschaft, der Kunst und der Bildung zu beobachten sind. Die Subjekte tragen bei Freeden ihre politischen Vorurteile und Weltsichten immer schon in sich und werden von Ideologien nur dort abgeholt, wo sie sich ohnehin schon in ihren Privatideologien eingerichtet haben. In der folgenden Aussage lässt sich diese Unterbestimmtheit der Theorie recht genau markieren:

> *»Ideologien streiten sowohl um die Kontrolle der politischen Sprache als auch um die Projekte der öffentlichen Politik; genau genommen wird aber ihr Wettbewerb um die Projekte öffentlicher Politik durch ihren Wettbewerb um die Kontrolle der politischen Sprache ausgetragen.«*[9]

Das Theorem beschreibt sehr präzise, worum es in vielen Institutionen heute geht: nämlich darum, eine bestimmte Sprachpolitik durchzusetzen, sich ihr zu widersetzen oder sich mit dieser Kontrolle von Symbolen und Zeichen geräuschlos zu arrangieren. Um die politische Sprache »kontrollieren« zu können, benötigt man aber vor allem eines: Man braucht Macht.

Ideologien als Machtinstrumente

Die »Unbestreitbarkeit« einer Ideologie entsteht nicht nur aufgrund ihrer logischen Kohärenz und ihrer kulturellen Evidenz, sondern sie entsteht vor allem auch durch die Androhung von Gewalt, sprich: im Medium der Macht. Genau genommen sind es »negative Sanktionen«, welche »das politische (oder besser: politisierbare, politikbedürftige) Medium Macht« begründen.[10] Solche Sanktionen können im Berufsleben Verwarnungen, Disziplinarverfahren, Versetzungen, Degradierungen oder Entlassungen sein. Macht wird eingesetzt, um ein gewünschtes Verhalten – einschließlich eines gewünschten Sprachverhaltens – von Menschen wahrscheinlich zu machen.

Eine politische Machtkommunikation geht zudem mit einer »symbolischen Generalisierung« einher, so dass in jedem Sprechakt zugleich Symbole der Macht mitkommuniziert werden, von denen eine Drohung ausgeht.[11] So werden in den identitätspolitischen Diskursen von heute die Hautfarbe und das Geschlecht zu Machtsymbolen generalisiert. Wenn diese Art von politischer Kommunikation dann zum Beispiel ein Theater erfasst, zirkulieren dort »Schwarz«, »Weiß«, »Frau« und »Mann« als Symbole generalisierter Macht (bzw. Ohnmacht) und werden aufgrund ihres inhärenten Drohpotenzials einen Teil der Schauspieler, Regisseure, Bühnenbildner und Choreografen einschüchtern und blockieren. Sie können nicht mehr ungezwungen mit diesen Zeichen spielen, wozu sie durch die Kunst eigentlich ermächtigt werden. Auch bei der Kunst handelt es sich um ein symbolisch generalisiertes Kommunikationsmedium, das durch solche Symbole wie »Schauspieler«, »Bühne«, »Kostüm«, »Choreografie«, »Bühnenbild« usw. konstituiert wird. Zurzeit kommt es dazu, dass im Theater die Symbole der Macht mit den Symbolen der Kunst interferieren, infolgedessen die Anschlussfähigkeit der Kommunikation auf der Probebühne mehr und mehr von politischen statt von künstlerischen Kriterien bestimmt wird. Aus systemtheoretischer Perspektive stellt sich dann sofort die Frage, wie die Symbole der Macht die Systemgrenzen der Wissenschaften, der Bildung und der Kunst überwinden konnten, obwohl es für diese Reflexionssysteme unabdingbar ist, Machtsymbole aus ihren Kommunikationssphären herauszuhalten und am Zirkulieren zu hindern.

Ideologien sind, so unsere These, nicht nur Sprachspiele wie bei Freeden, sondern auch Machtinstrumente, welche in die Sprachspiele eingebaut sind. Dieses Machtmoment zeigt sich allerdings weniger in der statischen Form von Ideologien als in der dynamischen Form von Ideologisierungsprozessen. Hier ist ein Brückenschlag von der Politikwissenschaft zur Psychologie hilfreich, und zwar konkret zur Theorie der Gruppenpolarisierung.

Der Rechtswissenschaftler Cass R. Sunstein hatte sich dafür interessiert, wie die Urteile von Jurys bei Gerichtsprozessen zustande kommen, die nach eingehender Beratung zu einem gemeinsamen Votum gelangen müssen. Hierbei bemerkte er, dass dieser kollektive Meinungsbildungsprozess einen bestimmten Richtungssinn aufweist. Die Einstellung der einzelnen Gruppenmitglieder verschiebt sich durch die Beratschlagung weiter hin zu dem Wert, den sie schon vor der Diskussion vertreten haben. Die bereits existierende Urteilstendenz wird durch die Kontroverse also noch einmal verstärkt. Eine Jury, die vor ihrer Beratschlagung moderate Vorbehalte gegenüber Schwangerschaftsabbrüchen hatte, wird sich nach der internen Diskussion entschieden gegen eine liberalere Gesetzgebung bei diesem Streitpunkt aussprechen. Sunstein formulierte entsprechend ein »Gesetz der Gruppenpolarisierung«: »Kurz gesagt: Gruppenpolarisierung entsteht, wenn sich die Mitglieder einer beratenden Gruppe zu einem extremeren Punkt hinbewegen, in welche Richtung auch immer die Tendenz der Mitglieder vor der Beratung zeigt.«[12]

Das Gesetz der Gruppenpolarisierung entfaltet seine Wirkung nicht nur in juristischen Kontexten, sondern überall dort, wo Gruppen bestimmte moralische, kulturelle, politische oder religiöse Werte teilen und in Bezug auf diese Werte ein Problem diskutieren. Nicht alle müssen hierbei exakt dieselbe Meinung vertreten, wichtig ist nur, dass diese Werte an sich nicht strittig sind und die Gruppenmitglieder im selben Wertekosmos leben. Hierbei kann zu Beginn einer Diskussion durchaus ein breites Meinungsspektrum vorliegen, das von moderaten bis zu radikalen Positionen reicht.

Dieses Gesetz über den Polarisierungseffekt von Gruppendiskussionen wurde mithilfe empirischer Untersuchungen überprüft, in denen man die Einstellungen aller

Gruppenmitglieder *vor* einer solchen Kontroverse und *nach* einer solchen Kontroverse gemessen hat. Und das Ergebnis war, dass die Einstellungen in Bezug auf den jeweils geteilten Wert sich nach der gruppeninternen Beratschlagung radikalisieren (Abb. 1). Dies gilt natürlich nicht für jeden Einzelnen, sondern es handelt sich um eine statistische Aussage, welche eine Dynamik innerhalb der Gruppe beschreibt.

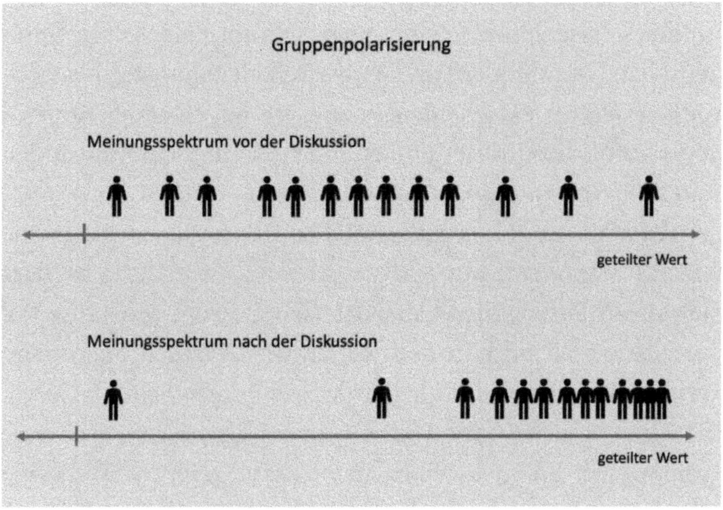

Abb. 1: Modell der Gruppenpolarisierung

Als Erklärung für solche Gruppenpolarisierungen werden zwei Gründe angeführt:[13] Der erste bezieht sich auf den zur Verfügung stehenden Argumentationspool: Wenn eine Gruppe einen bestimmten Wert teilt, dann zirkulieren in ihr mehr Argumente, die *für* diesen Wert als *gegen* ihn sprechen. Wenn es für alle Beteiligten selbstverständlich ist, dass man rassistisches Verhalten grundsätzlich ablehnt, werden moderate Positionen – welche etwa bei einer »problematischen« Inszenierung an einem Theater den Wert der Kunstfreiheit ins Spiel bringen wollen, weil sie den im Raum stehenden Rassismusvorwurf für einen Kategorienfehler halten – ins argumentative Hintertreffen geraten. Gerade wenn solche Diskussionen das erste Mal geführt werden, verfügen Gruppenmitglieder mit einer aktivistischen Agenda über ein viel größeres Arsenal an Argumenten, warum man diesen Streit zwischen Gerechtigkeit und Kunstfreiheit zugunsten des politischen Wertes entscheiden müsse; sie haben diese Kontroverse schon viele Male geführt und sind mit allen Einwänden und Fallstricken der Diskussion bestens vertraut.

Vor allem aber kommt in solchen Kontroversen noch eine Machtkomponente hinzu, die ausschlaggebend dafür ist, dass sich das Meinungsspektrum der Gruppe zum radikalen Pol verschiebt: Sie liegt in den Reputationsschäden begründet, welche die Gruppenmitglieder der moderaten Seite riskieren, womit der zweite Grund für Gruppenpolarisierungsprozesse benannt ist. Wenn es einen gemeinsam geteilten Wert wie »Antirassismus« in einer Gruppe gibt, scheinen die radikalen Stimmen diesen Wert mehr zu affirmieren als die moderaten, die indifferent wirken und den Wertekonsens der Gruppe vermeintlich infrage stellen. Aus der Perspektive der *Critical Race Theory* erscheinen diejenigen, die etwa das Ideal der »Farbenblindheit« von Martin Luther King ins Feld führen, selbst als Akteure, welche die Sache des Rassismus befördern.[14] Umgekehrt gilt aber auch, dass diejenigen, die sich heute in einem konservativen Umfeld bewegen und Trump kritisieren, unter Verdacht geraten, keine echten Republikaner zu sein. Die Furcht vor solchen negativen Zuschreibungen, die einem in einer unkalkulierbaren Weise schaden können, führt dazu, dass sich viele in der Gruppe auf die radikale Position hinbewegen, was wiederum den moralischen Druck auf die verbleibenden Gruppenmitglieder erhöht.

Gruppenpolarisierungsprozesse betreffen bei weitem nicht nur die Universitäten und die Künste, sondern sie können im Prinzip jedes soziale System erfassen, weil sie an ein und demselben Punkt ansetzen: der Zweitcodierung von Funktionssystemen, die durch »Reputation« hergestellt wird.[15] Reputation erlaubt es, von erbrachten Leistungen auf zukünftige Leistungen zu schließen, ohne sich im Detail mit einer Person und ihrer Arbeit beschäftigen zu müssen. Nur mithilfe dieser Faustregel für Kompetenz kann man in hochgradig ausdifferenzierten und komplexen Kommunikationsfeldern mit einer gewissen Treffsicherheit Personal einstellen, Beförderungen aussprechen, Ressourcen verteilen, Projekte bewilligen und Aufträge vergeben.

Damit wird das ganze Ausmaß der Herausforderung sichtbar, vor dem liberale Demokratien heute stehen. Die neuen sozialen Medien sind, so wie sie jetzt funktionieren, das perfekte Instrument, um die Reputation von Menschen zu beschädigen, infolgedessen der unverzichtbare Reputationsmechanismus zu erodieren droht. Niklas Luhmann hatte diese Achillesferse moderner Gesellschaften gesehen und lapidar angemerkt:

»[D]ie eigentümliche Kopplung von Inklusion und Selbststeuerung, die durch den Reputationsmechanismus erreicht wird, dürfte schwer zu ersetzen sein, sollte sie einmal infolge systeminternen Missbrauchs oder infolge zu starker Außeneingriffe zusammenbrechen. Und dies ist nicht ganz unwahrscheinlich; denn Reputation setzt Vertrauen in eine erheblich verkürzte Kommunikation voraus und bleibt in dieser Hinsicht empfindlich.«[16]

Die Politisierung von Funktionssystemen und ihrer Institutionen wäre ein solcher »Außeneingriff«, der im Windschatten der digitalen Revolution plötzlich möglich wird. Es ist eine Sache, dass einzelne Menschen ihre Eigeninteressen gegen die Eigenwerte der Institutionen durchsetzen – hier hat man es dann mit »systeminternem Missbrauch«, sprich mit Korruption zu tun. Es bedeutet jedoch ein viel grundlegenderes Problem, wenn eine systemfremde Kommunikationsform das ganze Wertesystem einer Institution überformt und Mitarbeiter systematisch darin hindert, ihre Kompetenzen auszuspielen.

Wo auch immer politische Kriterien die Ausbildung von Kompetenzhierarchien torpedieren und das Urteilsvermögen ihrer Institutionen beeinträchtigen, werden nicht mehr die bestmöglichen künstlerischen, wissenschaftlichen oder pädagogischen Entscheidungen getroffen, sondern nur noch die politisch opportunen. Es gibt natürlich Rassismus, Sexismus und Machtmissbrauch, und die aktivistischen Interventionen, wie sie in einer digitalen Medienwelt möglich werden, sind allein schon deswegen ein wünschenswertes Korrektiv, weil solche »Umgangsformen« auf ihre Weise Kompetenzhierarchien unterminieren. Unsere Kritik zielt insofern weder auf die aktivistischen Bewegungen noch auf ihre konkreten Werte und Ziele, sondern es geht um die Selbstverstärkungseffekte politischer Kommunikation und ihre Kipppunkte, an denen Funktionssysteme ihre Funktionstüchtigkeit verlieren (wir kommen im nächsten Kapitel darauf zurück).

Berücksichtigt man, dass es bei politischen Konflikten zu starken Gruppenpolarisierungen kommt, dann lassen sich auch Ideologisierungsprozesse beschreiben, die von Freedens Ideologietheorie nicht erfasst werden. Man sieht jetzt, dass es im Fall einer politischen Gruppenpolarisierung wesentlich um das Dominantwerden eines ideologischen Sprachspiels geht, wobei der Konflikt erst dann als beigelegt gilt, wenn jeder Einzelne in der Gruppe die Geltung des Sprachspiels als *unbestreitbare* Tatsache anerkannt hat:

> *»Eine Ideologie versucht, den unvermeidlichen Streit um politische Begriffe durch ihr Unbestreitbarmachen [decontesting] zu beenden, indem die Bedeutungen dieser Begriffe dem Streit entzogen werden.«*[17]

Das ist die Quintessenz aller politischen Kommunikation.

Die Gruppenmitglieder haben im Prinzip drei Optionen, auf ein ideologisches Sprachspiel zu reagieren: Sie können widersprechen, was mit hohen Kosten verbunden ist, die von Reputationsschäden, Einflussverlust, Marginalisierung bis hin zum Ausschluss aus einer Gruppe oder Institution reichen. Die zweite Option besteht darin, den offenen Konflikt zu vermeiden und sich in eine Schweigespirale zu begeben. Und drittens wird ein Teil der Gruppe das dominante Sprachspiel nicht nur nachsprechen und imitieren, sondern in das eigene Weltbild integrieren.

Wenn die Bedeutung von Begriffen in ihrem Gebrauch liegt, dann werden in einer solchen Gruppenkommunikation genau jene Verknüpfungen zwischen den politischen Kernbegriffen ein ums andere Mal wiederholt und konfirmiert, die eine Ideologie unbestreitbar erscheinen lassen – und diese ideologisch eingefärbten Bedeutungen werden entsprechend auch von den Subjekten verinnerlicht. Zumindest ein Teil der Gruppe, die sich dem gleichen Wertemilieu zugehörig fühlt, wird automatisch in das machtimprägnierte Sprachspiel eingeübt, das in jedem Sprechakt Haltung abfordert, Bekenntnisse abverlangt und moralischen Druck aufbaut.

Michael Freeden hat eine deskriptive, nichtnormative Ideologietheorie entwickelt, die erklärt, dass auch liberale Demokratien auf Ideologien angewiesen sind. Es lassen sich überhaupt keine demokratisch legitimierten Entscheidungen herbeiführen, wenn diese nicht in der Gesellschaft vorab als eine Alternative zwischen unterschiedlichen Ideologien konstruiert worden sind. Insofern begreifen wir Ideologien auch nicht wie üblich als defizientes Denken oder falsches Bewusstsein.

Die politische Kommunikation *muss* die Gestalt von Ideologien annehmen – d. h. von Sprachspielen, mit denen parteiintern Macht organisiert wird. Zudem lassen sich Ideologien auch nicht in gute und schlechte unterteilen, etwa in dem Sinne, dass moderate Ideologien besser als radikale Ideologien sind. Der politische Aktivismus und Protestbewegungen müssen extreme Ideologieformate annehmen, um sich mit ihren Anliegen in der Gesellschaft Gehör zu verschaffen; auch damit erfüllen sie eine unverzichtbare gesellschaftliche Funktion. Das Perfide an Ideologien ist jedoch, dass sie unter bestimmten Umständen die gesamte Kommunikation in sozialen Systemen okkupieren können, für die eine nichtideologische Kommunikationsform konstitutiv ist, da die Leistungsfähigkeit dieser Systeme auf ihrer Autonomie und entsprechend auch auf ihrer Ideologieferne beruht.

Es liegt in der Logik von Ideologien, dass sie ihren eigenen »unbestreitbaren« Geltungsanspruch nicht nur mitkommunizieren, sondern ihr Sprachspiel absolut setzen und Kritik eliminieren. Es gibt viele Sicherungssysteme in liberalen Demokratien, welche die absolute Dominanz einer Ideologie verhindern sollen, wie etwa das Prinzip der Gewaltenteilung, das Wahlgeheimnis, die Begrenzung von Amtszeiten und die bürgerlichen Freiheitsrechte wie die Meinungs-, Presse- und Kunstfreiheit, auf die man sich vor Gericht berufen kann. Zudem besitzt das Bundesverfassungsgericht hierzulande die Möglichkeit, extremistische Parteien zu verbieten.

Das Problem für die Stabilität liberaler Demokratien besteht also nicht darin, dass es auch Parteien mit radikalen Ideologien gibt, sondern dass diese Parteien der inneren Logik der Unbestreitbarkeit so radikal folgen könnten, dass sie auch jene Sicherungssysteme außer Kraft setzen, wenn sie denn einmal an der Macht sind. Je radikaler eine politische Bewegung ist, desto größer wird auch der Anreiz, die Unstrittigkeit der eigenen Ideologie mit aller Macht durchzusetzen. Radikale Parteien wollen die Paradoxie des Ideologienpluralismus, die für liberale Demokratien konstitutiv ist, nicht aushalten, sondern zu ihren Gunsten auflösen und entscheiden.

Hinter dem schlechten Ruf der Ideologien steckt also ein wahrer Kern, der auf ihrer Zwanghaftigkeit zur alleserfassenden Ideologisierung beruht, welche ihnen mit dem Prinzip der Unbestreitbarkeit formal eingeschrieben ist. Ideologien dulden keinen Zweifel, je rigider ihre Sprachspiele gestrickt sind, desto mehr triggern sie ihre Anhänger, die eigenen Überzeugungen machtvoll gegenüber anderen durchzusetzen.

Abb. 2: Der Prototyp des Ideologen. Ø-Serie, Episode 13 von Trond Reinholdtsen

Ein schönes Sinnbild der Ideologie hat der norwegische Komponist Trond Reinholdtsen kreiert. Am Anfang von »Episode 13« seiner *Ø-Filme* sieht man eine Kunstfigur mit rotem Bauschaumkopf, die mit einem roten Hammer auf eine »Struktur« einhämmert, an der wiederum Bildchen von der roten Insel »Utopia« hängen (Abb. 2). Dabei ruft sie in einem fort: »Kein Selbstmitleid, keine Träumereien. Kein Zweifel, kein Zweifel. Kein ideologischer Zweifel, kein künstlerischer Zweifel ... Disziplin! Struktur! Kein Zweifel!« So sieht der Prototyp eines Ideologen aus, und so klingt der Sound der ideologischen Kommunikation. Man hämmert sich ein, dass die eigenen Überzeugungen unbestreitbar sind – auch das gehört zur *decontestation.*[18]

Ideologiemaschinen

Vom Standpunkt der hier weiterentwickelten Ideologietheorie handelt es sich bei der Cancel Culture um die Durchsetzung eines politischen Sprachspiels mit eigenen Sanktionsmechanismen. Eigentlich ist die Cancel Culture aber gar keine neue »Kultur«, sondern das Dominantwerden politischer Kommunikation in Sphären, in denen es eigentlich um ganz andere Werte – um Werte wie Wahrheit, Bildung oder Kunst – geht.

Die dabei wirksam gewordene Ideologiefamilie mit dem Label »Identitätspolitik« gibt es allerdings schon seit langem, ohne dass sie nennenswerte Spuren in Bildungseinrichtungen und Kulturinstitutionen hinterlassen hätte. Die Frage ist deshalb, warum es seit wenigen Jahren zu einer derart starken Ausbreitung dieser Ideologeme gekommen ist. Das Theorem der Gruppenpolarisierung reicht für eine solche Erklärung nicht aus, denn es bleibt immer noch ein Rätsel, warum diese ideologische Kettenreaktion gerade um das Jahr 2014 und nicht schon ein, zwei Jahrzehnte früher stattgefunden hat. Offenbar fällt es Institutionen im Zeitalter der digitalen Kommunikation schwerer als bisher, eine Grenze zwischen systemeigener und systemfremder Kommunikation zu ziehen und die eigenen Autonomieansprüche gegenüber ideologischen Kommunikationsformen durchzusetzen. Um diese These entwickeln und testen zu können, benötigt man ein Institutionenmodell, das im Allgemeinen erklärt, wie Institutionen funktionieren.

Institutionen sind soziale Systeme, die geschaffen werden, um eine spezifische Leistung zu erbringen. So benötigt man Universitäten, um anspruchsvolle Formen von Wissen zu vermitteln, was ohne bestimmte Regelwerke, Hierarchien, Verantwortlichkeiten und eine Bürokratie, welche die Verteilung von finanziellen und personellen Ressourcen organisiert, nicht möglich ist. Ein anderes Beispiel wäre die Klassische Musik, die zu den am stärksten institutionalisierten Kunstformen gehört, insofern sie auf Institutionen wie Musikhochschulen, Orchester, Musikverlage und Konzerthäuser angewiesen ist, damit die im Medium der Notenschrift komponierte Musik mit Musikern und akustischen Instrumenten überhaupt erklingen kann.[19]

Für unsere Zwecke reicht es aus, Institutionen und ihre Ressourcen in einem Drei-Ebenen-Modell abzubilden: Eine Institution folgt erstens einem Leitbild, das in einer Selbstbeschreibung ihre Funktion festschreibt; sie benötigt zweitens eine Administration, welche die nötige Verwaltungsarbeit verrichtet, damit diese Institution ihrem Leitbild entsprechend operiert; und schließlich gibt es drittens eine Ebene, auf der sich die Akteure befinden, welche die Institution und ihre Ressourcen in Anspruch nehmen.

Obwohl die meisten Institutionen keine politische Funktion erfüllen, besitzen sie doch auf allen drei Ebenen Anschlussstellen für die politische Kommunikation. Das beginnt bereits bei der institutionellen Selbstbeschreibung, für die in den Leitbildern auch ethische Gesichtspunkte eine Rolle spielen, die von Gleichstellungszielen über nachhaltige

Finanzpolitik bis zum Klimaschutz reichen können. Auf der Verwaltungsebene manifestiert sich eine solche »Mission« zum Beispiel in zusätzlichen Stellen für Diversitätsbeauftragte. Und auf der Ebene der Akteure gab es speziell in Universitäten und Kultureinrichtungen immer schon ein breites Spektrum von politischen Aktivisten.

All diese politischen Komponenten führen normalerweise nicht zu einer Politisierung der Institution, sondern die unterschiedlichen politischen Anliegen werden von der jeweiligen Administration mitbehandelt, ohne dass hierdurch die systeminterne Kommunikation ideologisiert wird. Die Bürokratien bringen alle an sie herangetragenen politischen Anliegen in einen Verwaltungsvorgang, in dem sie schrittweise abgearbeitet werden und lösen damit ein schwieriges Problem: Jeder direkte politische Eingriff in autonome Funktionssysteme kann dazu führen, dass diese ihre Funktionalität einbüßen. Auf dem Verwaltungsweg hingegen können viele Betroffene ihre Bedenken äußern und ihre Einwände vorbringen, so dass politische Entscheidungen austariert werden können.

Dieses Vermögen, politische Anliegen *moderieren* zu können, verdankten Institutionen bislang dem Kommunikationsmedium, für das sie geschaffen wurden: dem Papier. Es war möglich zu kontrollieren, wer überhaupt lesen darf, was auf dem Papier steht; und wer die hier notierten Informationen verbreiten wollte, musste sie abschreiben oder zu einem Kopiergerät tragen. Papier war, bevor man es mit dem Smartphone abfotografieren konnte, auch deswegen so geduldig, weil es sich fremden Blicken entzog. Die Institutionen, die heute von einer starken Politisierung erfasst werden, entstanden in einer Handschriften- und Buchdruckkultur und haben über Jahrhunderte hinweg all ihre Verwaltungsvorgänge auf das Schriftmedium angepasst und feinjustiert. Die Umstellung auf digitale Kommunikation führt nun in vielen Hinsichten zu einer systematischen Überforderung dieser Institutionen, zu denen auch die Möglichkeit einer ungebremsten Politisierung gehört.

Die digitale Revolution stellt die Autonomie ihrer Funktionssysteme und damit auch das Prinzip der funktionalen Differenzierung der modernen Gesellschaft infrage, und zwar in doppelter Hinsicht: Zum einen wird systeminterne Kommunikation in einer viel stärkeren Weise als in einer analogen Medienkultur von außen beobachtbar, zum anderen kann man auch viel erfolgreicher als bisher von außen in diese Systeme hineinkommunizieren und Bürokratien zum Handeln zwingen.

Bislang erfuhr man über die Kunst, die Wissenschaft oder die Universitäten nur das, was in der Zeitung stand, worüber in Radio und Fernsehen berichtet wurde oder was sich als Gerücht herumsprach. Heutzutage lässt sich hingegen jeder gesprochene Satz, jede Geste, jedes Lachen, jedes Symbol und jede Interaktion mit einem Smartphone speichern und über die sozialen Medien verbreiten. Politische Aktivisten gewinnen damit unendlich viele Empörungsanlässe und Interventionsmöglichkeiten, um ihre eigenen »unbestreitbaren Sprachspiele« öffentlich durchzusetzen. Eine vormals opake, systemimmanente Kommunikation lässt sich heute mit zwei, drei Klicks politisieren. Die als problematisch identifizierten Videos, Fotos, Reden, Texte, Gesten und Interaktionen brauchen nur dekontextualisiert und rekontextualisiert zu werden, was allein schon dadurch geschieht, dass man sie in das Social-Media-taugliche Format eines Fotos, eines Videoclips oder eines Halbsatzes bringt und dazu einen kurzen politischen Kommentar schreibt.

Die Digitalisierung trägt, rein technisch betrachtet, ein gigantisches Politisierungspotenzial in sich, insofern sie die Mittel zu einer permanenten Dekontextualisierung und Rekontextualisierung aller Kommunikation bereitstellt. Wie jedes Zeichen lässt sich auch jedes künstlerische Zeichen unmittelbar und sofort in ein politisches Symbol verwandeln. Den Skandal um die *documenta fifteen* hätte es ohne Smartphone nicht gegeben. Nur weil potenziell jeder Besucher in die antisemitischen Motive aus dem Großgemälde von Taring Padi mit seinem Handy hineinzoomen und sie online verbreiten konnte, ließ sich der politische Eklat nicht herunterspielen und aussitzen – die Macht der Bilder war schließlich zu groß.

Die digitale Revolution schafft ex nihilo ein unerschöpfliches Materiallager für den politischen Kampf und ermöglicht es, die hieraus generierten politischen Botschaften mit starken Netzwerkeffekten zu verbreiten. Damit entsteht in liberalen Demokratien eine nie dagewesene Asymmetrie zwischen politischer und nichtpolitischer Kommunikation. Wer die Welt politisch beobachtet und verändern will, ist immer schon mit Gleichgesinnten verlinkt und kann auf bestehende Netzwerke zurückgreifen; alle anderen wollen ihren Job machen, planen den nächsten Urlaub und haben zu wenig Zeit für die Familie und den Sport.

Die digitale Kommunikation befördert also *an und für sich* eine Politisierung der gesellschaftlichen Kommunikation. Es ist keineswegs so, dass wir uns heute in einer revolutionären Situation befinden, welche die Ausbildung besonders aggressiver Ideologien erzwingt, sondern der Treibstoff heutiger Ideologisierung sind die neuen digitalen Kommunikationsmittel, mit denen sich Ideologien besonders gut verbreiten und verstärken lassen. Dies verändert nachhaltig das politische Klima in der Gesellschaft und hat auch einen unmittelbaren Effekt auf die traditionellen Massenmedien, die ihre Informationen nun selbst aus den sozialen Medien gewinnen. Allerdings erklärt das noch nicht, wieso auch die Funktionssysteme mitsamt ihren Institutionen hiervon betroffen sind.

Solche Ideologisierungsprozesse lassen sich, wie gesagt, nicht allein mit Freedens Ideologietheorie rekonstruieren, sondern müssen (dies war unsere Ergänzung) durch ein Machtelement komplementiert werden, das die Theorie der Gruppenpolarisierung liefert. Unsere zentrale These lautet nun, dass es genau solche Gruppenpolarisierungsprozesse sind, welche sich in einer digitalen Medienwelt exponentiell verstärken. Es entstehen in den altehrwürdigen Institutionen der Universitäten, der Kultur und der Wissenschaften digitale Feedbackschleifen für politische Kommunikation, weshalb man hier auch von einer *digital forcierten Gruppenpolarisierung* sprechen kann. Diese Form der Gruppenpolarisierung vermag nachhaltig Kommunikationsstrukturen in diesen Institutionen zu verändern, und zwar bis zu einem Punkt, an dem es zu einer umfassenden Politisierung dieser Institutionen kommt.[20]

Die zwei basalen Voraussetzungen für eine Gruppenpolarisierung sind auf jeden Fall gegeben, wo sich das Cancel-Culture-Syndrom deutlich zeigt. Gerade Universitäten und Kunstszenen besitzen ein äußerst homogenes Wertemilieu (in vielen Departments der Humanities an amerikanischen Eliteuniversitäten gibt es zum Beispiel keine Republikaner mehr). Und gerade hier werden permanent Diskussionen über identitätspolitische Themen geführt.

Entscheidend dafür, dass es an diesen Orten zu einer forcierten Gruppenpolarisierung kommen konnte, ist, dass die Verwaltungsapparate dieser Institutionen ihre Moderatorenrolle nicht mehr im Verborgenen erfüllen können. Musste früher jedes politische Anliegen in Form von Briefen, Faxen oder Telefonaten mit den Eigenwerten der Institution abgestimmt werden und blieben diese Abstimmungsprozesse entsprechend unsichtbar für externe Beobachter, geraten die Administratoren heute selbst ins Scheinwerferlicht der Öffentlichkeit und damit unter moralischen Handlungsdruck.

Die Rückkopplungsschleifen ideologischer Kommunikation setzen also primär auf der administrativen Ebene an; auf die Verwaltungen und Bürokratien richten sich die politischen Interventionen von innen und von außen (Abb. 3). Es entstehen mit den neuen Medien Kommunikationskanäle, mit deren Hilfe die politische Kommunikation die systeminternen

Kompetenzhierarchien einfach überspringen kann, was vordem so nicht möglich war. Durch solche Bypässe geraten viele Institutionen in ideologische Rückkopplungsschleifen: Ihre Administration verliert die Fähigkeit, die alltäglich anfallende politische Kommunikation intern zu moderieren oder wegzuarbeiten, und ihre Angestellten werden stattdessen in die Rolle politischer Akteure gedrängt, die sich moralisch und politisch verhalten müssen.

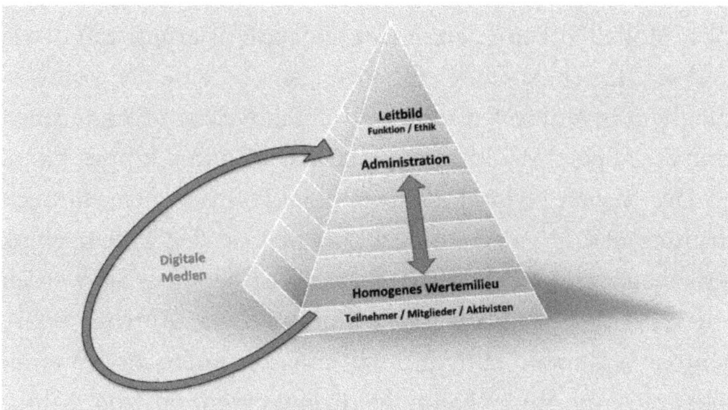

Abb. 3: Modell der forcierten Gruppenpolarisierung

Julian Nida-Rümelin definiert »Cancel Culture« als eine Vielzahl von »Praktiken, um diejenigen zum Schweigen zu bringen, deren Auffassungen von den eigenen in störender Weise abweichen« und argumentiert entsprechend, das es sich hierbei um ein »uraltes Phänomen« handelt, dass sich schon bei Platon und der Inquisition zeigt.[21] An diesen Aussagen ist nichts falsch, aber das Besondere und Neuartige jenes *Great*

Awokening, sprich die Cancel-Culture-Eruption vor einem Jahrzehnt, lässt sich mit einem derart weitgefassten Cancel-Culture-Begriff nicht verstehen. Wir folgen deshalb der Intuition von Greg Lukianoff und Rikki Schlott, die schreiben:

> *»Unserer Ansicht nach ist Cancel Culture entstanden, als die sozialen Medien es ermöglichten, dass sich von einem Augenblick auf den anderen Empörungsmobs bilden können.«*[22]

Das Modell der forcierten Gruppenpolarisierung zeigt, wie und warum ein solcher »Empörungsmob« zu einer Politisierung von Institutionen führt und durch welche Mechanismen eine Free-Speech-Culture in eine Cancel Culture kippen kann.

Die neuen digitalen Kommunikationsmedien bringen Institutionen in eine Strukturkrise, weil sie den Latenzschutz aufheben, den sie in einer analogen Welt besaßen: Sie werden aufgrund des Medienwandels für politische Akteure beobachtbar und damit extrem durchlässig für politische Kommunikation. Am Ende kann die Kommunikation von Kunst, Wissenschaft oder auch Bildung so stark ideologisch überformt werden, dass diese Institutionen ihre Autonomie verlieren und dysfunktional werden. Diese neue digitale Transparenz vermag bislang verborgene Exklusionsstrategien, die Identitätsmarker wie *sex*, *race* oder *gender* benutzen, ans Licht der Öffentlichkeit zu bringen, und hat zu neuen sozialen Bewegungen wie #MeToo geführt. Zugleich entstehen mit dieser Transparenz aber auch schwer kalkulierbare und nicht intendierte Nebenfolgen für die betroffenen sozialen Systeme.

Eine starke Politisierung von Institutionen ist kein neues Phänomen und findet nicht nur in totalitären Regimen statt. In den 1960er-Jahren waren auch hierzulande einige Universitäten extrem politisiert. Als besonders anfällig galten politiknahe Fächer wie die Politikwissenschaften oder die Soziologie, die sich – getreu der 11. Feuerbachthese von Karl Marx: »Die Philosophen haben die Welt nur verschieden interpretiert, es kommt darauf an, sie zu verändern« – in aktivistische Wissenschaften verwandelt hatten. Im politischen Kontext der Studentenproteste gewannen marxistische Theorien eine Monopolstellung und konnten an einigen Instituten infolge der vielen gruppenintern geführten Diskussionen auch eine Gruppenpolarisierung triggern. Wie in der Cancel Culture von heute wurde auch damals schon kein Widerspruch geduldet, es gab politische Berufungen von Professuren, politisierte Lehrpläne und eine politisch motivierte Förderung von Studenten. Letztendlich blieb diese Politisierung aber auf Institutionen beschränkt, die sich professionell mit politischen Themen beschäftigen. Sie kann aber heute aufgrund digitaler Feedbackschleifen auf alle Institutionen überspringen; es hat sich also vor allem die Reichweite und die Durchschlagskraft politischer Kommunikation im 21. Jahrhundert gravierend verändert.

Die digital forcierte Gruppenpolarisierung führt dazu, dass mehr und mehr politische Ziele in die Leitbilder der Institution aufgenommen werden, so dass es in Konfliktfällen nahezu unmöglich wird, für deren systemspezifische Eigenwerte zu streiten (wie etwa für die Wissenschafts- oder die Kunstfreiheit, wenn es um politisch sensible Themen geht).

Außerdem werden aufgrund dieser Dynamik immer mehr Compliance-Stellen mit einer klaren politischen Agenda geschaffen, wodurch politische Themen zwangsläufig immer stärker die Tagesordnung bestimmen. Und schließlich führt dies auf der Ebene der Akteure dazu, dass diese nicht nach Kompetenzkriterien, sondern nach politischen Kriterien eingestellt, befördert und beurteilt werden. Vor allem aber breitet sich jetzt eine ideologisch doppelcodierte Kommunikation aus, in der jeder Sprechakt daraufhin beobachtet wird, ob er das vorherrschende ideologische Sprachspiel affirmiert oder nicht, was ein Klima der Angst, des Verdachts und der erzwungenen Rede nach sich zieht. Am Ende können solche Institutionen sich in *Ideologiemaschinen* verwandeln: in Maschinen, die nicht länger an ihrer Funktion orientiert sind, sondern anstelle von Kunst, Wissenschaft oder Bildung beginnen, Ideologie zu produzieren.

Vor dieser selbstgenerierten institutionellen Politisierung bietet auch das Grundgesetz keinen Schutz, wie der einstige Vizepräsident des Bundesverfassungsgerichts Ferdinand Kirchhof betont:

> *»Gefährdungen erheblichen Ausmaßes entstehen heute [...] aus den Reihen der Gesellschaft selbst durch eine moralisierende Vorzensur unerwünschter Meinungen; sie wird oft von einer durchsetzungsstarken Minderheit als ›öffentliche‹ Meinung dem Publikum aufgedrängt. Im letzten Fall helfen Grundrechte oder auch zivilrechtliche Abwehransprüche nicht weiter.«*[23]

Auf dieses Problem reagiert die hier formulierte Theorie der Ideologiemaschinen, die vom Ansatz her politisch neutral ist, auch wenn die ideologischen Feedbackschleifen an Universitäten und in Kunstszenen zumeist von linken Konzepten getriggert werden. Man sollte sich aber keiner Illusion hingeben, dass sich die Mechanismen einer forcierten Gruppenpolarisierung nicht auch von rechten Aktivisten nutzen lassen. Wenn sich Ideologiemaschinen erst einmal gesellschaftlich etabliert haben, dann lassen sie sich bei einem Machtwechsel auch umpolen. Die Neue Linke schafft heute vielerorts eine Infrastruktur, die sich von der Neuen Rechten in einem Coup einfach übernehmen ließe – sie bräuchte nur noch die Personen auszutauschen. Weil man all dies schon heute wissen kann, wäre es ein Zeichen von politischer Klugheit, systematisch Ideologieunterbrecher in jene Institutionen einzubauen, die sich allzu leicht politisieren lassen.

Ein komisches Beispiel

Nehmen wir ein Beispiel, das nicht in der Anglosphere, sondern bei uns vor der Haustür liegt: eine identitätspolitische Tragikomödie, die unlängst an der Berliner Schaubühne aufgeführt wurde. Der Schauspieler Robert Beyer, seit vielen Jahren Ensemblemitglied des Theaters, hatte auf seinem privaten Facebook-Account einige wenige Follower mit einem Welterklärungsnarrativ überrascht, das von einigen nicht als Ausdruck von berufsbedingter Hybris gelesen wurde, sondern von Rassismus. Da sowohl der Text als auch der Account gelöscht wurden, zitieren wir die entsprechenden Passagen aus der Berliner Zeitung:

> *»Hätten wir den ›Indianern‹ ihr Land gelassen, gäbe es die USA nicht. Hätten die ›Indianer‹ uns von den Nazis befreit? Der Fortschritt gewinnt fast immer. Und der Fortschritt hat die Moral fast immer auf seiner Seite. Die ›Indianer‹ hatten die Zeit nicht auf ihrer Seite. Die Neandertaler auch nicht. […] Durch die gesamte Geschichte geht der rote Faden, dass die sogenannten Zivilisationen sich die ›Wilden‹ und ›Barbaren‹ Untertan machten. Bis heute. Und sobald man die ›Wilden‹ und ›Barbaren‹ unter Kontrolle hatte, diese keine Bedrohung mehr waren oder sind, gibt man ihnen beschützenswerte Namen wie Indigene. DAS ist zynisch. Damit hat man dem großen Indianerhäuptling Sitting Bull postfaktisch den Schwanz abgeschnitten und total die Würde genommen.«*[24]

Offensichtlich wird Facebook hier als virtuelle Theaterkantine verstanden, wobei die Sätze durchaus von einer gewissen sprachpolitischen Sensibilität zeugen: Die kontaminierten Worte wurden in Anführungszeichen gesetzt, was heißt, dass der Autor sie in einem uneigentlichen Sinne verstanden wissen möchte. Und auch die »Zivilisation«, welche für den Massenmord an der indigenen Bevölkerung verantwortlich war, wird als »sogenannte Zivilisation« gekennzeichnet, die ihren Namen nicht verdient.

All dies hat dem Autor natürlich nichts genützt, denn er hatte mit seinem Kommentar das Terrain des ideologischen Streits betreten, wo man nicht nur keinen Widerspruch duldet, sondern wo auch kein Platz für Ironie, Blödsinn und pure Spekulationen ist – denn all das lässt sich verschieden interpretieren und rüttelt am Gerüst von Argumenten, die mühsam zu einer Ideologie verschraubt wurden. Nachdem der Theaterleitung der Facebookpost zugetragen worden war, reagierte diese mit einer Krisensitzung und distanzierte sich von der Aussage ihres Ensemblemitglieds mit folgender Pressemitteilung:

> *»Es ist unsere Aufgabe, inner- und außerhalb unseres Theaters Rassismus zu bekämpfen. Dazu wollen wir unseren Beitrag leisten. In den letzten Monaten befindet sich die Schaubühne in einem intensiven Diversitäts- und Antidiskriminierungsprozess mit Vorträgen, Workshops, Coachings, Problemanalysen und vielem mehr. Der Prozess ist noch nicht abgeschlossen, er wird in den kommenden Wochen und Monaten*

weiter vertieft. Wir begrüßen es, dass Robert Beyer sich nach einem unverzüglich anberaumten Gespräch, das unter Beteiligung des Betriebsrats und der Vertretung der künstlerisch Beschäftigten stattgefunden hat, auf seinem privaten Facebook-Account öffentlich entschuldigt hat. Dasselbe tat er auch intern. Robert Beyer hat sich zudem dazu entschlossen, an einem Einzelcoaching zum Thema Rassismus und Diversität teilzunehmen. Wir bekennen uns als Leitung des Theaters zu der Verantwortung und Aufgabe, klare Leitlinien zu schaffen, dass bei solchen Vorfällen adäquate Maßnahmen erfolgen. Wir möchten allen unseren Mitarbeitenden Lern- und Reflexionsangebote machen, um einen diskriminierungskritischen und respektvollen Raum miteinander zu ermöglichen.«[25]

Nimmt man den Facebook-Kommentar des Schauspielers und die Pressemitteilung des Theaters zusammen in den Blick, dann kann man ahnen, dass hier eine Institution von einer digital forcierten Gruppenpolarisierung erfasst wurde. Die entscheidenden Voraussetzungen hierfür waren gegeben; es kam in einer Gruppe mit einem gemeinsamen Wertekonsens zur Beratschlagung über einen wertesensiblen Fall: Zum einen bilden Kulturinstitutionen in liberalen Demokratien ein relativ homogenes kosmopolitisches Milieu mit starken universellen Gerechtigkeitsidealen aus; man ist sich prinzipiell darüber einig, dass Rassismus im eigenen Weltbild keinen Platz hat. Zum anderen wird man davon ausgehen können, dass eine Diskussion darüber geführt wurde, ob der Schauspieler-Kommentar nun rassistisch sei oder nicht, bevor man die Pressemitteilung verschickt hat. Unter solchen Bedingungen wird es sehr wahrscheinlich, dass sich die Gruppenmeinung zu Diskurspositionen hin verschiebt, die den gemeinsam geteilten Wert (also den Antirassismus) am kompromisslosesten vertreten, bis man schließlich den Rassismusbegriff der *Critical Race Theory* für selbstevident hält.

Ausschlaggebend für das proaktive Handeln des Theaters dürfte aber ein dritter Faktor gewesen sein, nämlich die Selbstverstärkungseffekte von politischer Kommunikation in einer digitalen Medienwelt. Unter dem bislang vorherrschenden postmodernen Kulturverständnis wäre die fragliche Äußerung überhaupt nicht als politische Aussage interpretiert worden, zumal im Theaterbetrieb auch abseits der Bühne recht theatralisch geredet wird. Das ganze Spektakel hätte es ohne Facebook, Twitter und Instagram nie gegeben. Was sich in der Kneipe problemlos sagen lässt, löst am virtuellen Stammtisch Kommunikationskaskaden aus.

Mit Blick auf unser Modell der forcierten Gruppenpolarisierung (Abb. 3) kommt es auf allen drei institutionellen Ebenen des Theaters zu starken Interferenzen mit politischer Kommunikation. Auf der administrativen Ebene fürchtet man den Vorwurf, Rassismus zu verharmlosen, der sich in einer digitalen Medienwelt jederzeit eskalieren lässt. Verständlicherweise wollte niemand den eigenen Ruf und den des Theaters aufs Spiel setzen, zumal alle Beteiligten damit rechnen müssen, dass politische Konflikte dazu genutzt werden, Kollegen auszumanövrieren. Auf der Selbstbeschreibungsebene hat sich das Theater über die Pressemitteilung explizit ein politisches Leitbild geben. Und auf der Ebene der Akteure wird man in Zukunft sehr genau darauf achten, wie man spricht.

Zum ideologischen Sprachspiel gehört es auch, dass der Schauspieler sich entschuldigt. Es ist ein Zeichen dafür, dass er den neuen Rassismusbegriff als *unbestreitbar* anerkennt und nicht einfach behauptet, dass seine Äußerung nicht rassistisch gemeint sei. Das öffentliche Schuldeingeständnis gehört zum festen Repertoire der *decontestation* einer Ideologie (also zu ihrem Unbestreitbarmachen). So enthält die Pressemitteilung der Schaubühne nicht nur eine Distanzierung vom eigenen Mitarbeiter, sondern auch ein solches Schuldeingeständnis, das in die Öffentlichkeit versendet wird. Wenn es dann in der Verlautbarung des Theaters auch noch heißt: »Wir möchten allen unseren Mitarbeitenden Lern- und Reflexionsangebote machen, um einen diskriminierungskritischen und respektvollen Raum miteinander zu ermöglichen«, dann weiß man, dass dies ein Angebot ist, das sich nicht ablehnen lässt.

Ein Dilemma aller Ideologien besteht darin, dass die Menschen, selbst wenn sie ein Schuldeingeständnis machen und ein bestimmtes politisches Sprachspiel akzeptieren, die Welt deshalb nicht anders sehen als vorher. Auf diese Schwierigkeit reagiert man mit politischer Schulung, was nicht nur das »Einzelcoaching zum Thema Rassismus und Diversität« betrifft, zu dem sich der Schauspieler verpflichtet hat, sondern auch jenen »intensiven Diversitäts- und Antidiskriminierungsprozess mit Vorträgen, Workshops, Coachings, Problemanalysen und vielem mehr«, dem sich das ganze Theater unterzieht. Was man bei solchen Coachings erlernt, ist tatsächlich das Sprachspiel einer Ideologie. Man wird darin eingeübt, politische Begriffe in einer ganz bestimmten und eindeutigen Weise miteinander zu verknüpfen, und man soll anhand konkreter Anwendungsfälle die Fähigkeit entwickeln, Alltagsphänomene in diesem Begriffszusammenhang wahrzunehmen.

Bemerkenswert ist auch der erste Satz der Pressemitteilung, der quasi das Primat der Politik über die Kunst behauptet: »Es ist unsere Aufgabe, inner- und außerhalb unseres Theaters Rassismus zu bekämpfen.« Ist das tatsächlich die Aufgabe eines Theaters? Künstler sind Spezialisten für Sinnüberschüsse und performative Widersprüche, für Risse in Denkgebäuden und unauflösliche tragische Konflikte. Eigentlich besteht das Tagwerk der Kunst darin, den Faden unablässig wieder aufzudröseln, aus dem die Gesellschaft ihre Narrative spinnt.

Die Kunst ist auf Spontanität angewiesen, die vollkommen unwahrscheinliche Verbindungen zwischen Wahrnehmungen, Vorstellungen und Begriffen hervorbringt, unter denen auch derart verrückte Assoziationen wie die zwischen »Indianern« und »Nazis« sein können. Da solche Verknüpfungen nicht theorie- und diskursgeleitet sind, sondern in der idiosynkratischen Fantasie des Subjekts entstehen, lässt sich auch nicht diskursiv definieren, was eine zulässige und eine unzulässige Assoziation ist. Wenn man das vorab zu regulieren versucht – und nichts anderes machen Ideologien, indem sie unbestreitbare Tatsachen und Sprechakte konstruieren –, dann blockiert man die Quelle aller künstlerischen Kreativität.

Eine Politisierung des Theaters hat nicht nur Auswirkungen auf die Auswahl von Stücken, auf Themen, Rollenbesetzung, Engagements und die Vergabe von Preisen, sondern sie erfasst auch die Probenarbeit. Schauspieler müssen permanent improvisieren und spontan Textpassagen, Szenen und Gesten erfinden, wofür Regisseure eine Atmosphäre des limitierten Kontrollverlustes schaffen müssen. Wenn es in einem Ensemble einen Präzedenzfall wie an der Schaubühne gab, steht immer die Frage im Raum: »Kann man das noch sagen?«, »Was denken die aktivistischen Kollegen im Haus?«, »Schneidet das jemand mit dem Handy mit?« Unter solchen Bedingungen werden die verrückten, magischen, komischen und grandiosen Momente rar, die nur im Theater entstehen können.

Die Kräfte der digital forcierten Gruppenpolarisierung bringen das Theater – als Ort der überschäumenden Fantasie, des ästhetischen Experiments, der exzessiven Spielfreude und der symbolischen Gesten – in eine schwierige Lage. Auch in der gesamten Theaterlandschaft lässt sich inzwischen eine starke Politisierung beobachten. So heißt es in einem Resümee über die Theatersaison 2022:

> *»Nicht nur am Theatertreffen, das die Benchmark setzt, sprechen alle Theaterkünstlerinnen, die reüssieren, vor allem über Emanzipation, Politik, Demokratie und Nachhaltigkeit. Das Theater ist so politisiert wie noch nie.«*[26]

Und ein Jahr später gibt die Süddeutsche Zeitung zu Protokoll:

> *»Theaterkompetenz genügt offenbar nicht mehr, um ein Theaterfestival zu leiten. Ohne Artivismus, Nachhaltigkeit und andere Beiträge zur Rettung der Menschheit geht es nicht mehr. Die Idee, dass Kunst nicht Mittel zum Zweck, sondern ein Selbstzweck sein könnte, und dass Schauspiel nicht unbedingt mit Publikumsbelehrung, sondern zum Beispiel mit Spiel zu hat, ist den Berliner Festspielen also abhandengekommen.«*[27]

Wenn heute die Grenzen zwischen künstlerischer und politischer Kommunikation immer poröser werden und zu einer Politisierung der Kunst führen, die ihren Kunstcharakter infrage stellt, dann gibt es zwei Optionen, dem entgegenzuwirken: Man kann die politische Kommunikation im Kunstsystem dämpfen oder das Signal der Kunst in der politisierten Gesellschaft verstärken.

Ein Nebeneffekt des bizarren Schaubühnenskandals dürfte darin bestehen, dass sich viele Akteure im Theaterbetrieb mit problematischen Äußerungen in Zukunft zurückhalten werden und sich notgedrungen sagen: »Das Politische ist privat.« Wer von Arbeitgebern wie einem Theater oder einer Universität abhängig ist, wird auf alle politischen Äußerungen in den sozialen Medien verzichten – und sei es auch nur auf ein Like. Manche Institutionen könnten zu dem Schluss kommen, dass es am einfachsten ist, die politische Dauerirritation dadurch einzudämmen, dass man die eigenen Mitarbeiter zur politischen Neutralität in der neuen Medienöffentlichkeit anhält. Praktisch lässt sich in einem viralen Shitstorm die private Meinung des Einzelnen von der Haltung der Institution, die ihn beschäftigt, nicht mehr trennen.

Nicht zu erwarten und nicht wünschenswert ist allerdings, dass die aktuellen politischen Themen aus den Inszenierungen und Spielplänen verschwinden. Vielmehr muss man mit mehr politischer Kunst rechnen, aber auch damit, dass die Kunst mit ihren eigenen Mitteln die Unterscheidbarkeit von Kunst und Politik wieder herzustellen versucht. Ging es bislang unter dem Vorzeichen des »postdramatischen Theaters« darum, den Theaterbegriff zu entgrenzen, so wird eine spürbare Politisierung der Kunstkommunikation zu genau der entgegengesetzten Entwicklung führen. Man steigert den Werkcharakter der Aufführungen und setzt auf starke formale und ästhetische Mittel. Es ist insofern auch kein Zufall, dass aktuelle Theaterstücke wie *Slippery Slope* von Yael Ronen oder *Gymnasium* von Bonn Park, in denen Geschichten über Wokeness und Cancel Culture erzählt werden, in Gestalt eines Musicals bzw. einer Highschool-Oper daherkommen. Wovon man nicht sprechen kann, darüber muss man singen.

Erklärungsmodelle der Cancel Culture

Cancel culture, deplatforming, microaggression, wokeness, Critical Race Theory, victimhood culture, safetyism, trigger warning, intersectionality, virtue signalling, unconscious bias, white privilege, identity politics, ...: Es gibt eine bunte Girlande von Anglizismen, die inzwischen auch hierzulande in den öffentlichen Debatten omnipräsent sind. Schaut man sich die einschlägigen Theorien über die Ursachen und die Entstehungsgeschichte dieses Cancel-Culture-Syndroms an, kann man den Eindruck gewinnen, dass es sich hier um eine spezifische Entwicklung in der Anglosphere handelt: In den Theorien werden Bedingungen genannt, die es auf dem europäischen Kontinent so nicht gibt – und dennoch häufen sich auch hier die Fälle, in denen Institutionen in den Sog dieser politischen Sprachspiele geraten.

Einerseits fragt man sich, warum das Cancel-Culture-Syndrom gerade in den USA seinen Ursprung hatte. Die *Foundation for Individual Rights and Expression* (kurz: FIRE) hat seit 2014 knapp zweihundert Fälle dokumentiert, in denen Professoren an US-Universitäten aufgrund ihrer Forschung und Lehre entlassen wurden, was schon jetzt die Zahl der 100 bis 150 gecancelten Hochschullehrer in der McCarthy-Ära übersteigt.[28] Zudem registrierte man zwischen 2012 bis Mitte 2023 mehr als 1000 Fälle, in denen Professoren gefeuert, bestraft oder anderweitig gemaßregelt wurden.[29]

Angesichts dieser Zahlen stellt sich andererseits auch die Frage, ob man in Europa mit demselben Szenario rechnen muss. Um hierfür Gründe angeben und Prognosen abgeben zu können, werde ich im Folgenden acht verschiedene Erklärungsmodelle der Cancel Culture analysieren, die von englischsprachigen Autoren entwickelt wurden und einen wesentlichen Beitrag zu dieser Debatte liefern.

Der Gegenbegriff zur Cancel Culture ist eine Free-Speech-Culture, wie sie in *The Canceling of the American Mind* entworfen wird. *Cancel culture* definieren die Autoren dementsprechend als

> *»die starke Zunahme von Kampagnen (eine Tendenz, die um das Jahr 2014 herum begann und sich ab 2017 noch einmal beschleunigte), um Menschen zu feuern, auszuladen, keine Plattform zu geben oder anderweitig für Äußerungen zu bestrafen, die nach den Standards des Ersten Verfassungszusatzes [First Amendment] geschützt sind – oder geschützt wären –, und das Klima der Angst und Konformität, das aus dieser Zunahme von Kampagnen entstanden ist.«*[30]

Man hat es hier mit einem vielschichtigen kulturellen Phänomen zu tun, das sich aus unterschiedlichen Theorieperspektiven konzeptualisieren lässt, mit der Folge, dass in solchen Analysen auch andere Begriffe als *cancel culture* prominent werden können, obwohl sie dasselbe Phänomen beschreiben. Um diese verschiedenartigen Analysen berücksichtigen zu können, sprechen wir in der Regel nicht nur von Cancel Culture, sondern suchen nach einem Erklärungsmodell für das gesamte Cancel-Culture-Syndrom.

Das philosophische Modell

Je nach Profession der Autoren lassen sich eine ganze Reihe von »materialistischen« Erklärungsmodellen für das Entstehen des Cancel-Culture-Syndroms anführen, die von der Psychologie über die Ökonomie bis hin zur Jurisprudenz reichen. Helen Pluckrose und James Lindsay sehen die Ursachen hingegen primär in bestimmten philosophischen Theorien, die in der Gesellschaft eine große Wirksamkeit entfaltet haben. In *Cynical Theories* stellen sie ein ideengeschichtliches Drei-Phasen-Modell vor, das zeigt, wie sich über den Zeitraum eines halben Jahrhunderts ein Komplex aus *cancel culture, safetyism* und *victimhood culture* aus dem postmodernen Denken entwickelt hat.[31] Das Buch beschreibt also die Geburt der Wokeness aus dem Geiste der postmodernen Philosophie.

In der ersten, philosophischen Phase der Postmoderne, die ungefähr von 1965 bis 1990 reichte, wurden demnach die hermetischen Schriften von französischen Schlüsselautoren wie Jacques Derrida und Michel Foucault übersetzt, gelesen und interpretiert. Es handelte sich dabei um eine extrem anspruchsvolle Textarbeit, die nur von einem kleinen, elitären Kreis aus promovierten Philosophen, Literaturwissenschaftlern oder Soziologen geleistet werden konnte. Die postmoderne Philosophie glich in dieser ersten Phase einem akademischen Glasperlenspiel, das nie an ein Ende kommt. Die Dekonstruktion eines Textes und die Analyse eines Diskurses konnte immer nur der Anlass dafür sein, den Sinn der Sätze erneut zu verschieben und anhand der Machtstrukturen, die man in einem Kontext freigelegt hatte, weitere Herrschaftssysteme zu entlarven. Pluckrose und Lindsay bringen diese postmoderne Philosophie nun auf zwei Grundprinzipien:

> »*1) Das postmoderne Wissensprinzip: Radikale Skepsis gegenüber der Frage, ob objektives Wissen oder Wahrheit möglich ist, und ein Bekenntnis zum kulturellen Konstruktivismus.*
>
> *2) Das postmoderne politische Prinzip: Die Überzeugung, dass die Gesellschaft aus Machtsystemen und Hierarchien besteht, die darüber entscheiden, was gewusst werden kann und wie etwas gewusst werden kann.*«[32]

Es ist natürlich zulässig und besitzt für unsere Untersuchung auch einen Erkenntniswert, den komplexen Textkorpus der französischen Postmoderne auf diese beiden Prinzipien zu komprimieren, allerdings sollte nicht übersehen werden, dass damit der ganze Duktus dieser Philosophie verkannt wird. Autoren wie Derrida oder Foucault hätten sich nie auf solche eindeutigen Aussagen festlegen lassen; es gehörte geradezu zum Selbstverständnis des postmodernen Diskurses, deren Texte nicht auf letzte unhintergehbare Grundprinzipien hin zu interpretieren. Man schätzte stattdessen den performativen Gehalt der Sätze und den literarischen Sinnüberschuss dieses Philosophiestils.

Die zweite Phase der Postmoderne dauerte etwa von 1990 bis 2010 und wird als »angewandte Postmoderne« beschrieben, insofern es hier – auf der Basis jener zwei

Grundprinzipien – zu einer Ausbildung von »aktivistischen Wissensformen« gekommen ist. Damit sind jene neu geschaffenen Disziplinen wie *Postcolonial Studies, Queer Theory, Critical Race Theory, Gender Studies, Fat Studies* und *Disability Studies* gemeint, deren Analyse dann auch den größten Teil des Buches einnimmt.

Der Begriff der »angewandten Postmoderne« ist allerdings irreführend, insofern jene beiden Grundprinzipien nicht einfach zur Anwendung bereit lagen. Lindsey und Pluckrose haben diese Prinzipien nicht aus einer tiefenhermeneutischen Lektüre der französischen Originaltexte destilliert, sondern vielmehr ihre amerikanische Rezeptionsgeschichte aufgearbeitet. Diese Postmodernerezeption lief in der Anglosphere, wie so oft, pragmatisch ab: Das ironische Spiel mit Bedeutungen, das in Europa zum Inbegriff der Postmoderne geworden war, wurde einfach herausgefiltert.

Das heißt aber, dass die beiden »Prinzipien« der postmodernen Philosophie in dieser zweiten Phase nicht einfach »angewendet« wurden, sondern dass sich diese Denkfiguren in einer spezifisch politischen Lesart der postmodernen Philosophen erst als solche »Prinzipien« herauskristallisiert haben. Die politische Lektüre hat die Philosopheme dem Spiel der Dekonstruktion entzogen und sie zu Theoremen verfestigt, die sich selbst nicht mehr dekonstruieren lassen. Jene neuen aktivistischen Wissensdisziplinen sind also gar keine Erscheinungsweisen der postmodernen Philosophie, sondern sie entstanden im Gegenteil erst, als sie deren Terrain verlassen hatten.

Am interessantesten ist der Übergang zur dritten Phase Anfang der 2010er-Jahre, zumal die Autoren der *Cynical Theories* zum selben Zeitpunkt eine historische Zäsur setzen wie Haidt und Lukianoff in ihrem psychologischen bzw. Campbell und Manning in ihrem soziologischen Modell. Die These von Pluckrose und Lindsay lautet, dass es in dieser dritten Postmodernephase zu einer »Reifizierung«, d. h. zu einer Verdinglichung jener beiden Postmoderne-Prinzipien gekommen sei. Die reifizierte Postmoderne setzt in dem Moment ein, als Wissenschaftler und Aktivisten beginnen, die bestehenden Theorien der angewandten Postmoderne zu einer »einfachen, dogmatischen Methodik« zusammenzufassen.[33]

> *»Wir haben jetzt Social-Justice-Texte – eine Art Evangelium der sozialen Gerechtigkeit –, die mit absoluter Sicherheit zum Ausdruck bringen, dass alle weißen Menschen Rassisten und alle Männer Sexisten sind, dass Rassismus und Sexismus eigene Systeme ausbilden, die auch dann existieren und Menschen unterdrücken, wenn es keine Personen gibt, die rassistische oder sexistische Intentionen oder Überzeugungen (im üblichen Sinne der Begriffe) besitzen.«*[34]

Allerdings wurden bereits in den *Social-Justice*-Disziplinen der 1990er-Jahre solche dogmatischen Aussagen getroffen und als selbstverständliches Faktenwissen angesehen. Dass »alle Männer Sexisten sind«, ist eine Überzeugung, die Feministinnen nicht erst seit 2010 vertreten. Was sich tatsächlich geändert hat, ist der Status, den solche Aussagen in den letzten zehn

Jahren in bestimmten Institutionen gewonnen haben. Bislang konnte man an Universitäten auch die Theoreme der *Social-Justice*-Disziplinen problemlos analysieren und kritisieren. Heute hingegen wird man auf Widerstand stoßen, wenn man ihre Kernaussagen bestreitet. Bei diesem Widerstand handelt es sich nicht einfach um den Widerspruch von Kollegen innerhalb einer wissenschaftlichen Kontroverse, sondern um den Widerstand politischer Kommunikation, deren Geltungsansprüche man infrage stellt. Man trifft auf Protest und hat mit Ausladungen, Disziplinarverfahren, Beurlaubungen und Entlassungen zu rechnen. Das ist die neue »Realität«, die sich in der dritten Postmodernephase ausgebildet hat, und zwar im strikt systemtheoretischen Sinn von Niklas Luhmann: »durch Widerstand von Operationen des Systems gegen Operationen des Systems erzeugt das System Realität«.[35]

Die »Reifizierung« oder das »Realwerden« der beiden Postmoderneprinzipien besteht also genau genommen in einer Institutionalisierung jener »angewandten« Postmodernediskurse in Teilen des Wissenschaftssystems. Da es sich hierbei um aktivistische Wissensdisziplinen handelt, welche Formen des politischen Handelns antizipieren und legitimieren, bedeutet dies in letzter Konsequenz eine Politisierung von Institutionen, zu deren Möglichkeitsbedingungen es eigentlich gehört, dass man in ihnen frei von politischen Rücksichtnahmen mit Gedanken experimentieren kann.

Jener Übergang von der »angewandten« zur »reifizierten« Postmoderne ließe sich dann so verstehen, dass die aktivistischen Wissensdisziplinen, die sich zwischen 1990 und 2010 im Wissenschaftssystem entwickelt hatten, zunächst einmal auch den Standards des wissenschaftlichen Arbeitens unterworfen waren. Das heißt, man hat wissenschaftsförmig mit den beiden Postmoderneprinzipien gearbeitet, obwohl sich aus ihnen die wissenschaftsverneinende These ableiten lässt, dass die Wissenschaften und ihre Institutionen nur dem Anschein nach Erkenntnisinteressen verfolgen, aber eigentlich ein Instrument zur Durchsetzung von Machtinteressen sind.

Solange man diese Theoreme in einem funktionierenden Wissenschaftskontext diskutiert, sind die Begründungsansprüche hoch, die Argumente komplex und die Kontroverse differenziert. In dem Moment aber, in dem der Verwaltungsapparat einer Universität diese Theoreme in sein eigenes Leitbild integriert und zur Grundlage seiner Entscheidungen macht, kippt die ganze Institution in den Modus politischer Kommunikation. Genau hier ist jener fatale Umschlagpunkt erreicht, an dem Institutionen in liberalen Demokratien ihre verfassungsmäßig garantierten Freiheitsrechte freiwillig preisgeben.

Auch einige deutsche Fakultäten haben offenbar schon alle drei Postmodernephasen durchlaufen, wovon etwa die Ausladung des Althistorikers Egon Flaig zu einem Vortrag an der Universität Erlangen 2023 zeugt. Flaig hatte in einem vielbeachteten Aufsatz davon gesprochen, dass etwa eine Millionen Europäer Opfer des arabischen Sklavenhandels wurden. Diese Aussage impliziert, dass man im historischen Rückblick auch People of Color als Täter und Weiße als Opfer von Sklaverei beschreiben müsste. In der philosophischen Postmodernephase konnte man selbstverständlich auch die Unterscheidung von weißen Tätern und schwarzen Opfern dekonstruieren. In der angewandten Postmodernephase hätte man diese Unterscheidung in den inzwischen etablierten Social-Justice-Disziplinen zwar nicht mehr infrage stellen, aber die These weiterhin an einer Universität diskutieren können. Heute möchten Universitäten solchen »problematischen Ansichten« keine Plattform mehr bieten und behandeln diese begriffliche Unterscheidung als eine ontologische Differenz.[36]

Das psychologische Modell

In *The Coddling of the American Mind* (2018) liefern der Psychologe Jonathan Haidt und sein Co-Autor Greg Lukianoff eine psychologische Deutung jenes Phänomenclusters, das sie als *safetyism* bezeichnen, womit gleichermaßen das Einrichten von *safe spaces*, die Sensibilisierung gegenüber Mikroaggressionen und die Verbreitung von Triggerwarnungen an amerikanischen Universitäten gemeint ist. Sie beziehen sich dabei auf Untersuchungen der Psychologin Jean Twenge, die zeigt, dass sich die Generation Z – also die zwischen 1995 bis 2012 geborene Alterskohorte – von der Vorgängergeneration der Millennials in zwei Hinsichten unterscheidet: Diese Generation ist erstens weniger selbstständig und wird später erwachsen, was sich unter anderem daran zeigt, dass diese Jugendlichen später ihren Führerschein erhalten, später einen Job ergreifen, später zum ersten Mal Alkohol trinken, aber auch das erste Date und den ersten Sex später haben. Achtzehnjährige aus der Gen Z verhalten sich wie Fünfzehnjährige früherer Generationen.[37] Und zweitens lässt sich in dieser Generation seit 2011 eine starke Zunahme von Angststörungen und Depressionen nachweisen. Insbesondere bei Teenager-Mädchen haben sich sowohl die Fälle von schweren Depressionen als auch die Selbstmordrate verdoppelt und die Zahl der stationär behandelten Selbstverletzungen verdreifacht.[38] Die Autorin selbst nennt die Generation Z »iGen«, weil es sich um die erste Generation handelt, die mit dem iPhone aufgewachsen ist, und weil sie die auffälligen psychologischen Veränderungen dieser Generation direkt auf den Gebrauch der neuen sozialen Medien zurückführt.

Die zentrale These von Haidt und Lukianoff besteht nun darin, dass die Universitäten in den USA genau in dem Moment eine Kultur des *safetyism* installieren, als die ersten Vertreter der Gen Z im Herbst 2013 zu studieren beginnen. Besonders alarmiert zeigen sich die Autoren aufgrund einer Beobachtung von Greg Lukianoff, der selbst an Depressionen litt und deswegen eine kognitive Verhaltenstherapie absolviert hatte. All jene Maßnahmen, die von den Universitäten zum Schutz der Studenten ergriffen wurden, waren eigentlich wie eine invertierte kognitive Verhaltenstherapie konzipiert: Sie linderten nicht die Angstzustände und Depressionen, sondern verstärkten sie. Die Studenten wurden mit den Konzepten der geschützten Räume, der Mikroaggressionen und Triggerwarnungen für ihre Ängste und Depressionen zusätzlich sensibilisiert, obgleich die Verhaltenstherapie empfehlen würde, sich diesen psychischen Zuständen kontrolliert auszusetzen, die Triggerpunkte in sich selbst zu erkennen und die eigenen Reaktionsmuster zu verändern. Zudem werden die Studenten durch die anonymen Beschwerdestellen an den Universitäten in einer Abhängigkeit von Dritten gehalten, wie sie für Kinder, aber eben nicht für Erwachsene typisch ist.

Die Institutionen reagieren in diesem psychologischen Erklärungsmodell also nur auf eine viel tiefer liegende gesellschaftliche Entwicklung, jedoch fatalerweise mit einer *safetyism*-Strategie, die zu einer positiven Rückkopplungsschleife führt und die Probleme der Gen Z noch einmal verschärft. Die Gründe für die verzögerte Entwicklung und die psychische Instabilität dieser Generation sehen die Autoren, wie es der Buchtitel sagt, in einer »Verhätschelung der amerikanischen Psyche«. Aufgrund einer überbehüteten Kindheit und einer überängstlichen Helikopter-Elternschaft wird den Kindern die Möglichkeit genommen, negative Erfahrungen zu machen und psychische Resilienz aufzubauen.[39] Insbesondere haben diese Kinder immer weniger Zeit, unbeaufsichtigt und ohne Anleitung durch Erwachsene zu spielen, so dass auch keine Konfliktlösungen in den Kindergruppen erlernt und eingeübt werden können. Im Streitfall wenden sie sich entsprechend sofort an Autoritäten wie Eltern oder Lehrer.

Für diesen Verlust der Kindheit, der paradoxerweise das Erwachsenwerden verzögert, gibt es eine ganze Reihe von Gründen. Zum einen hat die Gen Z insgesamt mehr Zeit mit digitalen Medien und weniger Zeit im direkten Kontakt mit Gleichaltrigen verbracht. Zudem existieren in den USA strenge Gesetze und soziale Normen, die es verbieten, Kinder unbeaufsichtigt zu lassen; in vielen Bundesstaaten machen sich Eltern strafbar, wenn ihre acht- oder neunjährigen Kinder allein in einem Park spielen. Und schließlich ist es der harte Konkurrenzkampf um einen Studienplatz an einer Eliteuniversität, der den Kindern immer weniger Freizeit lässt, da sie Nachhilfestunden nehmen und sich außerhalb der Schulzeit auf Tests und Aufnahmeprüfungen vorbereiten müssen.

Das soziologische Modell

Aus einer soziologischen Perspektive blicken Bradley Campbell und Jason Manning (2018) auf den Cancel-Culture-Komplex. In *The Rise of Victimhood Culture* untersuchen sie, weshalb sich an amerikanischen Universitäten und ähnlichen Institutionen eine neue Moralkultur ausbildet, die sie *victimhood culture* nennen, was wörtlich übersetzt »Opferrollenkultur« heißt, aber sich besser mit »Opferkultur« wiedergeben lässt.[40] Ihre Plausibilität gewinnt diese These im Vergleich mit zwei anderen Moralkulturen, nämlich der Ehrkultur *(honor culture)* und der Würdekultur *(dignity culture)*. Alle drei Moralkulturen unterscheiden sich durch die Art und Weise, wie sie Konflikte lösen. Die beiden Soziologen gehen also davon aus, dass es soziale Strukturen sind, welche Moralkulturen hervorbringen.

Eine *victimhood culture* bildet sich nicht etwa dort aus, wo Rassismus, Misogynie, Homophobie oder Transphobie weit verbreitet sind, sondern sie entsteht ganz im Gegenteil in diversen Milieus mit stark ausgeprägten Gleichheitsidealen. Wie an keinem anderen Ort in der Welt sind diese Bedingungen auf dem Campus amerikanischer Eliteuniversitäten gegeben, wo man von vornherein kein Verständnis für diskriminierende Bemerkungen oder für Benachteiligungen jeglicher Art aufbringt. Gerade weil es hier einen ausgeprägten Wertekonsens gibt, reagiert die Campus-Gemeinschaft besonders sensibel auf Erscheinungsformen von Ungleichheit – vor allem auf die ungleiche Repräsentation von gesellschaftlichen Gruppen, die als Diskriminierung wahrgenommen wird.

Hinzu kommt, dass sich nicht nur die Studenten, sondern auch die Universitätsverwaltungen diesen moralischen Werten verpflichtet fühlen und ihre Durchsetzung überwachen. Einerseits gibt es eine Vielzahl von DEI-Stellen (d. h. Stellen für *diversity, equity* und *inclusion*), um ethnische Minderheiten zu fördern und Geschlechtergerechtigkeit herzustellen, und andererseits fungieren diese Ethikstellen als Beschwerdestellen, um diskriminierendes Verhalten von Universitätsangestellten und Studenten zu sanktionieren.

Das Argument von Campbell und Manning lautet nun, dass sich unter diesen Voraussetzungen die moralische Kultur verändert und nach dem jeweiligen Opferstatus der Subjekte zu sortieren beginnt. Oder anders ausgedrückt: In einem sozialen System, das unter einem strikten Antidiskriminierungsprogramm operiert, entsteht eine moralische Kultur, in der das Diskriminiertsein zu einem positiven Wert mutiert und die Opferrolle als etwas »Wünschenswertes« angestrebt wird. Wenn aber das Opfer in den Rang eines unbestreitbaren Höchstwertes rückt, dann kann, aus Mangel an verfügbaren Kriterien, auch keine unabhängige Instanz mehr entscheiden, wer ein Opfer ist. Als Kriterium springt hier die Eigenwahrnehmung der Subjekte ein, wodurch sich die Definitionsgrenzen dessen, was ein Missbrauch oder eine Belästigung ist, immer weiter verschieben, bis sie im Konzept der Mikroaggression kulminieren.

Eine vergleichbar starke Sensibilität gegenüber Beleidigungen bildet sich auch in Ehrkulturen aus. Bis ins 19. Jahrhundert hinein genügte eine kleine Beleidigung und man sah sich genötigt, den Streit mit Pistolen im Duell auszufechten. Der Vergleich macht sofort deutlich, dass weder eine Opfer- noch eine Ehrkultur ein guter Ort für ergebnisoffene Forschungen, grenzüberschreitende Kunst oder für Karikaturen und Comedy sind. Hierfür bedarf es einer Würdekultur, die sich erst im 19. Jahrhundert in liberalen Demokratien etablieren konnte und in der die Subjekte lernen, dass sie ihre Würde nicht einfach verlieren, wenn sie im Alltag von anderen beleidigt werden. Die bürgerlichen Subjekte bilden vielmehr eine hohe Toleranz gegenüber verbalen Angriffen auf ihre Person aus und wenden sich bei besonders krassen Verleumdungsfällen an die Justiz.

Letztendlich sind es drei entscheidende Faktoren, die nach Campbell und Manning zur Ausbildung einer *victimhood culture* führen. Es muss sich um »atomisierte« Milieus handeln, in denen eine starke kulturelle und ethnische Diversität anzutreffen ist; die Subjekte können sich also auf ihre je eigene mitgebrachte Moralkultur in diesen sozialen Kontexten nicht mehr verlassen. Zweitens muss es sich um egalitäre Milieus handeln, in denen Gleichheit und Diversität selbstverständliche moralische Positivwerte darstellen. Und außerdem bedarf es noch einer »dritten Partei« (also eine DEI-Bürokratie), welche die Einhaltung dieser moralischen Normen überwacht, befördert und durchsetzt.[41]

Das pädagogische Modell

Auf eine bemerkenswerte Begleiterscheinung der aufgeblähten Universitätsbürokratien hat der Literaturwissenschaftler Lyell Asher hingewiesen: Es sind in einem erheblichen Maße Pädagogen, die in den letzten Jahrzehnten diese Verwaltungsstellen besetzt haben.[42] Das wirkt umso erstaunlicher, als die akademischen Milieus in den USA pädagogische Hochschulen – die Lehrer für den Schuldienst ausbilden – nie wirklich als »echte Universitäten« angesehen haben. Ihre wissenschaftlichen Standards gelten als nicht satisfaktionsfähig. Umso mehr zählt dafür die Wertevermittlung im Sinne einer Ethik der sozialen Gerechtigkeit *(social justice)*, die einen Schwerpunkt der Lehrerausbildung darstellt. Dessen ungeachtet sahen die Pädagogen in der universitären Bürokratisierung eine Chance, für sich und ihre Zunft Universitätsstellen zu schaffen, die im Vergleich zu ihren Schuljobs deutlich prestigeträchtiger und besser bezahlt waren. Sie begannen hierfür Studiengänge wie *educational leadership, higher education management* oder einfach nur *higher education* zu entwickeln, mit der Folge, dass diese Zertifikate bald schon als Vorbedingung für eine erfolgreiche Bewerbung für solche universitären Verwaltungsstellen angesehen wurden. Darüber hinaus verbanden die professionellen Erzieher mit ihrem neuen universitären Berufsfeld auch eine besondere Mission, nämlich, die Professoren und Studenten – im Sinne jener Ethik der sozialen Gerechtigkeit – zu *erziehen*. Da die Sensibilisierungs- und Diversitätskurse obligatorisch sind und weil auch das studentische Campusleben vollumfänglich ethisch betreut wird, verwandelten sich viele Eliteuniversitäten – die sich die teuersten und größten Verwaltungsapparate leisten können – in moralische Erziehungsanstalten.

Das ökonomische Modell

In seinem Aufsatz »*Grounds for debate. The challenges to free speech in universities*« entwickelt der Historiker Stephen Davies vom Institute of Economic Affairs (IEA) einen ökonomischen Erklärungsansatz, weshalb es heute zu einer Einschränkung der Redefreiheit an Universitäten kommt.[43] Der Text nimmt einen historisch distanzierenden Blick ein und besitzt einen deeskalierenden Tonfall, da Davies das Problem zwar für real, aber auch für überbewertet hält, denn es beträfe in erster Linie Elite-Universitäten und würde sich auf die Anglosphere beschränken.[44]

Als den entscheidenden Faktor, warum sich gerade in den USA die Grenzen des Sagbaren verengt hätten, macht Davies »das räuberische und dysfunktionale amerikanische Rechtssystem« aus. Die Institutionen beschränken die Redefreiheit vor allem aus Angst vor kostspieligen Klagen, was aber auch heißt, dass jedes Unternehmen und jede Institution, die Geschäftsbeziehungen zu den USA unterhält, hiervon betroffen ist.[45] Die Auswirkungen auf Europa wären nach dieser Logik ein Sekundärphänomen; sie müssten schwächer ausfallen und wären überall dort zu erwarten, wo viel Englisch gesprochen wird – in global operierenden Unternehmen, auf dem weltweiten Bildungsmarkt und innerhalb der international vernetzten Kunstszenen.

Als zweiten Faktor nennt Stephen Davies eine »Elitenüberproduktion«[46]. Das Phänomen gab es in der Geschichte immer wieder, und es hat stets harte klasseninterne Konkurrenzkämpfe ausgelöst, die heute eben mit den Mitteln des politisch korrekten Sprechens und Verhaltens ausgefochten werden. Entscheidend ist hierbei, dass die Universitäten in den USA in den letzten Jahrzehnten ihr Business-Modell verändert haben. Primär besteht ihre Funktion nicht mehr darin, Wissen und Bildung zu vermitteln, sondern Zertifikate auszustellen, welche den Absolventen den Zugang zu gut bezahlten Spitzenjobs mit viel Sozialprestige verschaffen.

Das Angebot an solchen Topjobs ist inzwischen viel geringer als die Zahl der dafür ausgebildeten und zertifizierten Absolventen, was insbesondere die mit Sprache und Ideen operierenden Berufe in Universitäten, Verlagen und Medienunternehmen betrifft. Wenn aber viele fachlich gleich gut qualifizierte Studenten und Studentinnen um denselben Job konkurrieren, ergibt es Sinn, zusätzliche ethische Kriterien ins Feld zu führen und sich mit Hilfe von *virtue signaling* zu profilieren – sprich, Konkurrenten mit Identitätspolitik auszukontern. In der Logik eines meritokratischen Systems signalisiert man damit, dass man den Job *mehr verdient* hat als andere.[47] In späteren Arbeitszusammenhängen nimmt dieser Elitenkonflikt dann die spezifische Form eines Generationenkonflikts an, wie man das in den Redaktionen großer amerikanischer Zeitungen wie der New York Times beobachten kann.

Das juristische Modell

Richard Hanania hat in *The Origins of Woke* (2023) eine genuin juristische Erklärung für das Cancel-Culture-Syndrom entwickelt, deren Leitthese lautet: »Lange bevor Wokeness ein kulturelles Phänomen wurde, war sie Gesetz.«[48] Hanania unternimmt es, jene Gesetzesänderungen im Detail zu analysieren, welche den *Civil Rights Act* (d. h. das Bürgerrechtsgesetz) von 1964 schrittweise verschärft und modifiziert haben, so dass das Cancel-Culture-Syndrom als Emergenzphänomen einer Rechtspraxis plausibel wird. Man findet gleich zu Beginn des Buches eine tabellarisch zusammengestellte »Liste zentraler Doktrinen der Wokeness-als-Recht«[49] mit den wichtigsten Verordnungen und Präzedenzfällen, die das juristische Fundament der Wokeness bilden.

Der Civil Rights Act wurde aufgrund der schwarzen Bürgerrechtsbewegung beschlossen und sollte die Rassentrennung, die an den Schulen und Universitäten der Südstaaten faktisch immer noch existierte, ein für alle Mal beenden. Das hier erlassene Diskriminierungsverbot reichte vom Wahlrecht bis zum Bildungswesen und regulierte insbesondere die Beschäftigungsverhältnisse. In Bezug auf den letzten Punkt heißt es:

> *»Es ist eine gesetzwidrige Beschäftigungspraxis für einen Arbeitgeber, eine Person aufgrund ihrer Rasse, Hautfarbe,*

Religion, ihres Geschlechts oder ihrer nationalen Herkunft nicht einzustellen, zu entlassen oder anderweitig in Bezug auf ihre Entlohnung, ihre Anstellungsbedingungen oder Vergünstigungen zu diskriminieren.«[50]

Diese Antidiskriminierungsgesetze waren ursprünglich gruppenneutral konzipiert und beruhten auf Martin Luther Kings Ideal der *color blindness*.[51] Da sich aber unter dem Kriterium der Farbenblindheit der Anteil von Schwarzen an Universitäten, in Behörden und Institutionen nur sehr langsam erhöhen ließ und es in den 1970er-Jahren zu gewaltsamen Rassenunruhen in vielen Städten der USA kam, setzte sich die Überzeugung durch, dass man stärkere Antidiskriminierungsgesetze bräuchte.[52]

Nicht jede Ungerechtigkeit des Lebens ist eine Diskriminierung. Wird ein Bewerber einem anderen aufgrund von persönlichen Beziehungen vorgezogen, handelt es sich um Korruption; streiten sich Personalmanager darüber, wie eine Stelle besetzt werden soll, kommt der Zufall ins Spiel. Erst wenn eine solche Entscheidung aufgrund von gruppenspezifischen Merkmalen erfolgt, kann man von Diskriminierung sprechen. Aus diesem Grund musste der Gesetzgeber zunächst einmal Rasse, Hautfarbe, Religion, Geschlecht und nationale Herkunft als geschützte Kategorien *(protected classes or groups)* definieren, was plausibel war, insofern hinsichtlich dieser Unterscheidungsmerkmale ganz offenkundig eine Praxis der Ungleichbehandlung existierte.

Wenn der Staat erst einmal solche gruppenspezifischen Diskriminierungsmerkmale festgeschrieben hat, dann gewinnt er zwei Optionen, einer diskriminatorischen Praxis entgegenzuwirken: Er kann sowohl negative als auch positive Anreize schaffen. Einerseits lässt sich eine so konkret gefasste Diskriminierung unter Strafe stellen. Andererseits kann man die Vergabe von staatlichen Aufträgen und Subventionen an eine aktive Förderung jener explizit benannten Gruppen knüpfen – genau dies ist der Mechanismus, auf dem die *affirmative action* beruht.

Die entscheidende Idee für sein juristisches Erklärungsmodell fand Hanania in einer Untersuchung von Frank Dobbin und Jack Sutton aus dem Jahr 1998, in welcher die Autoren einen Zusammenhang zwischen der »Rechte-Revolution« der 1960er-Jahre und der starken Zunahme von Personalmanagement-Stellen in US-Institutionen herstellen konnten.[53] Seit dem Civil Rights Act von 1964 sind die Arbeitnehmerrechte in den USA systematisch gestärkt worden. Der Gesetzgeber macht hier allerdings nur vage Vorgaben wie etwa, dass man Diskriminierung über *affirmative action* bekämpfen müsse, ohne konkret zu definieren, was als *discrimination* gilt und was als eine *affirmative action* zählt. Im Laufe der Zeit weitete sich der Kreis der geschützten Gruppen und Klassen immer mehr aus; es entstanden eine Vielzahl von Vorschriften, die sich nun auch auf Bereiche wie sexuelle Belästigung und Altersdiskriminierung bezogen, so dass das ganze Regelwerk immer komplexer und engmaschiger wurde. Diese Verordnungen wurden vom Staat nur selektiv durchgesetzt und von den amerikanischen Gerichten, von Zeit zu Zeit und von Ort zu Ort, je anders ausgelegt. Zudem beruhten sie nicht auf Parlamentsbeschlüssen, sondern waren über Verwaltungsakte auf den Weg gebracht worden. Hanania sieht in diesen demokratisch nur schwach legitimierten Verordnungen – und nicht in den Bürgerrechtsgesetzen selbst – den juristischen Nährboden der Wokeness.

Sind gesetzliche Vorgaben derart unscharf formuliert, entstehen große Interpretationsspielräume – und damit auch ein gigantisches Geschäftsfeld – für jene berühmt-berüchtigten amerikanischen Anwaltskanzleien, die sich jeder noch so absurden Klage annehmen, wenn sie genügend Profit verspricht. Hierdurch werden starke Anreize geschaffen, proaktiv zu handeln, um auf dem unsicheren juristischen Terrain uneindeutig formulierter Compliance-Normen auf alles vorbereitet zu sein. Vor dieser Wegelagererjustiz schützen sich die Institutionen, indem sie gut bezahlte Stellen schaffen, welche diese unübersichtliche Rechtslage noch überblicken und managen können. So bildete sich in den vergangenen Jahrzehnten eine beständig wachsende Bürokratie für Arbeitnehmerrechte aus – seit 1975 sind an den Universitäten die Vollzeitstellen für Professuren um 23 %, die Vollzeitstellen für die Verwaltung aber um 369 % gestiegen. Hierbei fällt der Zuwachs an Antidiskriminierungs- und Diversitätsstellen überproportional groß aus.[54] Oder um es einmal ganz plastisch darzustellen:

»Heute hat die Yale University mehr Angestellte als Studenten. Tatsächlich hat die Universität 2,44 Verwaltungsangestellte für jedes Fakultätsmitglied und einen Verwaltungsangestellten für vier Studenten. Das ist das gleiche Verhältnis, das die Regierung für die Betreuung von Säuglingen unter zwölf Monaten empfiehlt.«[55]

Die Politik der *affirmative action* und die daraus resultierende Pflicht zum Datensammeln und Berichteschreiben ist eine weitere Quelle dieses Bürokratisierungsschubs, der auch Unternehmen betrifft. Bei der Vergabe von Staatsaufträgen und Subventionen entsteht das praktische Problem, anhand welcher Kriterien eine Behörde diese verteilen soll. Hierfür benötigt man Daten über den Anteil von geschützten Gruppen in Universitäten, Organisationen und Unternehmen, die entsprechend dazu verpflichtet wurden, ihre Mitarbeiter nach den Kategorien von Geschlecht, Rasse, Alter usw. zu kategorisieren und diese Zahlen an staatliche Behörden zu melden.

Die hierfür geschaffenen Stellen orientieren sich nicht etwa an dem quantitativen Kriterium der »gleichen Repräsentation«, da solche Berechnungen extrem kompliziert sind und jede generierte Zahl juristisch anfechtbar bleibt. Vor allem gibt es eine Krux mit der *affirmative action* selbst, bei der es sich genau genommen um eine vom Staat gewollte »positive Diskriminierung« handelt, wie der Begriff manchmal auch übersetzt wird. Unter der amerikanischen Verfassung sind »positive Diskriminierungen« aber – wie jede Form von Diskriminierung – verboten, was zur Folge hatte, dass die Gerichte die

Etablierung eines Quotensystems für Schwarze und Frauen mehrfach als unrechtmäßig ausgeschlossen haben. Weil nun aber die *affirmative action* aufgrund von Präzedenzfällen von Gerichten erlaubt und eingefordert wurde, muss sie ihr eigentliches Ziel camouflieren – und es dennoch erreichen. Deshalb arbeitet man primär mit weichen qualitativen Zielvorgaben wie *safe environment*, *best practice, diversity, equity* und *inclusion*. Da es sich hierbei um hochgradig interpretationsbedürftige Kategorien handelt und die Interpretationsmacht bei den staatlichen Behörden liegt, bewegen sich die Unternehmen und Institutionen bei der *affirmative action* auf einem ähnlich unsicheren Terrain wie bei Diskriminierungsklagen, nur dass in diesem Fall nicht die Gesetze, sondern die Zielvorgaben vage sind. Im einen wie im anderen Fall liegt die beste Strategie darin, *alle nur erdenklichen* Maßnahmen zu ergreifen, die man als Beleg anführen kann, dass man eine diverse, gleiche und inklusive Einrichtung bzw. ein derart vorbildlich operierendes Unternehmen ist.

Diese weichen Zielvorgaben entfalten ihre Wirkungsmacht als relative Kriterien, mit deren Hilfe sich *affirmative actions* von Behörden vergleichen lassen. Das treibt Unternehmen und Institutionen in einen Überbietungswettbewerb, der durch nichts limitiert ist. Alle Einrichtungen, die auf eine Kooperation mit dem Staat angewiesen sind, besitzen ein ausgewiesenes ökonomisches Interesse daran, Diversität, Gleichheit und Inklusion als absolute Werte zu behandeln und sie gerade nicht durch Freiheitswerte wie *free speech* auszubalancieren oder einzuschränken.

Die Nichtrelativierbarkeit dieser »affirmativen Werte« leitet sich, wie gesagt, nicht direkt aus dem *Civil Rights Act* ab, sondern folgt primär aus Verordnungen, welche die Bürgerrechtsgesetze in einer bestimmten Weise interpretieren. Vor allem aber haben eine Reihe von Präzedenzfällen diese Rechtsnormen geschaffen:

> »*Erst 1986, in der Rechtssache* Meritor Savings Bank gegen Vinson, *hat der Oberste Gerichtshof das Konzept bestätigt, dass Äußerungen oder Verhaltensweisen zu einem ›feindseligen Arbeitsumfeld‹ [hostile work environment] beitragen können, was potenziell gegen das Gesetz verstößt, auch wenn dem Opfer kein konkreter Schaden entstanden ist. Weitere Neuerungen folgten: Fälle von sexueller Belästigung können als Sammelklagen eingereicht werden* (Jenson gegen Eveleth Taconite Co., Eighth Circuit, *1997); Arbeitgeber können für die Handlungen ihrer Beschäftigten verantwortlich gemacht werden, nicht nur für ihre eigenen (*Faragher gegen City of Boca Raton, *1998; und* Burlington Industries, Inc. gegen Ellerth, *1998); und beleidigende Sprache und Pornografie können ein feindseliges Arbeitsumfeld darstellen, auch wenn sie nicht auf einen bestimmten Beschäftigten abzielen (*Reeves gegen C. H. Robinson Worldwide, *Inc., Eleventh Circuit, 2010).«*[56]

Diese richtungsweisenden Gerichtsentscheidungen haben zusammen mit den exorbitanten Schadensersatzforderungen, mit denen man zu rechnen hat, zu einer Nulltoleranzpolitik gegenüber allen Äußerungen geführt, die von Mitarbeitern und Gerichten als *harassment*, sprich als Belästigung oder Mobbing, gedeutet werden könnten. Im amerikanischen Arbeitsumfeld gibt es entsprechend keinen Platz für Witze und Affären, sie wären für alle Beteiligten viel zu riskant. Im Vergleich hierzu macht der dirigistische französische Staat viel striktere Vorgaben bei Arbeitnehmerrechten und setzt manchmal auch Quoten durch, die ein Unternehmen einhalten kann, ohne hierfür eine eigene Bürokratie installieren zu müssen – und ohne dass man am Arbeitsplatz auf die ironische und flirtive Kommunikation mit doppeltem Boden verzichten müsste.[57] Damit gelangt man zu dem verblüffenden Ergebnis, dass die Ausbreitung von Wokeness und Cancel Culture in den USA nicht etwa die Folge besonders restriktiver Gesetze ist, sondern sich aus einer Rechtspraxis entwickelt hat, die es vermeidet, Rechte klar zu definieren.

In den USA hat sich zudem das Rechtsprinzip des *disparate impact* etabliert, welches Unternehmen und Institutionen vorschreibt, jede institutionelle Praxis (wie das Verwenden von Tests bei Personalentscheidungen) daraufhin zu prüfen, dass sie keine »ungleichen Auswirkungen« *(disparate impact)* auf geschützte Gruppen hat, also etwa zu einem geringen Anteil von Minderheiten oder Frauen in der Belegschaft führt. Damit wurde praktisch nicht nur der Einsatz von IQ-Tests und Persönlichkeitstests unmöglich gemacht, sondern hierdurch geraten alle objektivierbaren Leistungskriterien unter Diskriminierungsverdacht, da niemand mit letzter Sicherheit ausschließen kann, dass sich ein Test in unterschiedlichen gesellschaftlichen Gruppen unterschiedlich auswirken könnte.

In der Tendenz führt dies dazu, dass in vielen Kompetenzhierarchien bislang gültige Leistungskriterien durch politische Kriterien überformt werden.

Werden diskriminierende Sprechakte juristisch nicht mehr an ihren Intentionen festgemacht, sondern daran, ob Sprache von einer geschützten Gruppe als diskriminierend empfunden wird, sind Unternehmen und Institutionen gezwungen, aktive Sprachpolitik zu betreiben. Und wenn der Grund für Diskriminierung in »unbewussten Vorteilen« *(unconscious biases)* liegt und diese Art von Diskriminierung jederzeit sanktioniert werden kann, dann muss man über Sensibilisierungskurse die Mitarbeiter auf ihre diskriminierenden Vorurteile aufmerksam machen und ihre Sprache regulieren. Zudem werden in verpflichtenden Schulungen Theorien wie die *Critical Race Theory* vermittelt, in denen ein Set von politischen Begriffen wie Rassismus, Gerechtigkeit, Kolonialismus usw. in einer ganz spezifischen Weise definiert ist – was als verbindliches Wissen dargestellt wird und sich von den beschulten Mitarbeitern weder hinterfragen noch bestreiten lässt.

Sowohl das disproportionale Wachstum an DEI-Stellen als auch deren Funktion lassen sich als eine Folge US-amerikanischer Rechtspraxis verständlich machen. Sie fungieren als anonyme Beschwerdestellen und setzen über Schulungen und Disziplinarverfahren ein diskriminierungsfreies Sprechen und Verhalten durch. Die Kriterien für das, was als eine Diskriminierung gilt, werden dabei so strikt wie möglich gefasst, um auf der rechtssicheren Seite zu sein. Im Zweifelsfall muss man vor Gericht oder vor einer staatlichen Behörde belegen können, dass man alle erdenklichen Maßnahmen ergriffen hat, um ein diskriminierendes Verhalten der eigenen Mitarbeiter zu unterbinden – auch wenn es ephemer, unbewusst, nicht intendiert und empirisch nicht belegbar ist. Die DEI-Bürokratien werden so vor eine unlösbare Aufgabe gestellt, für deren Bewältigung sie unendliche Ressourcen benötigen.

Schließlich werden unter diesen Umständen die Entscheidungen von DEI-Bürokratien unangreifbar, da jeder kritische Einwand gegen ihre Politik selbst wieder als ein diskriminierender Akt gewertet und sanktioniert werden kann. Selbst Unternehmensleitungen, Universitätsrektoren oder Theaterintendanten können sich dieser Logik nicht entziehen, so dass sich die Machtverhältnisse umkehren und die Entscheider die Entscheidungen ihrer Diversitätsstellen einfach übernehmen. Hier ist nun ein Kipppunkt erreicht, an dem die Antidiskriminierungsgesetze der USA in jenen Zustand umschlagen, den man umgangssprachlich als Wokeness bezeichnet. Damit ist ein konformistischer Kommunikationsstil gemeint, der allen Mitgliedern eines Unternehmens oder einer Institution gleichermaßen abverlangt wird. Ein probates Mittel hierfür sind DEI-*statements*, d. h. persönliche Erklärungen, die Stellenbewerber in den USA abgeben müssen, in denen sie zum Beispiel »ihre vergangenen und gegenwärtigen Beiträge und zukünftigen Bestrebungen zur Förderung von Vielfalt, Integration und sozialer Gerechtigkeit in ihrer beruflichen Laufbahn darstellen« müssen.[58]

Hierbei handelt es sich um einen politischen Lackmustest, der das Ziel verfolgt, ideologische Konformität herzustellen.

Schaut man auf die bislang diskutierten Erklärungsmodelle zurück, dann besitzt das juristische Modell sicherlich die größte Explikationskraft, zumal es viele Aspekte der anderen Theorieansätze selbst noch einmal begründen und perspektivieren kann. So zeigt sich jetzt, dass die Identitätspolitik nicht etwa eine Erfindung der französischen Postmoderne-Philosophen war, wie die Autoren der *Cynical Theories* argumentieren, sondern dass es der amerikanische Staat selbst ist, der Identitätspolitik betreibt. Die Definition von geschützten Gruppen und die Pflicht, nach diesen identitätspolitischen Kategorien Personal zu rekrutieren, Daten zu sammeln und Berichte zu verfassen, führt dazu, dass jeder und jede dazu angehalten ist, identitätspolitisch zu denken. Man versteht jetzt auch besser, warum es ausgerechnet in den USA zu einer politischen Lesart der postmodernen Schlüsseltexte kam, woraus dann jene aktivistischen Wissensdisziplinen wie die *Postcolonial Studies* oder die *Critical Race Theory* hervorgegangen sind. Diese Theorien der zweiten »angewandten Postmodernephase« konnten nämlich ein schwieriges Legitimationsproblem lösen: Sie vermochten die Maßnahmen der *affirmative action* zu rechtfertigen, als diese mit den Werten der freien Forschung und Lehre in Konflikt gerieten und auf Widerstand stießen.

Auch der *safetyism* war nicht eine Reaktion auf die veränderte Psyche der Gen Z, wie die Autoren in the *The Coddling of the American Mind* argumentieren, sondern es sind umgekehrt identitätspolitisch agierende Schulen und Universitäten, welche die Psyche der Kinder hypersensibilisieren. Wenn der Gesetzgeber Maßnahmen gegen nichtintendierte sprachliche Diskriminierungen fordert und selbst keine Grenzen definiert, an denen diese Sensibilisierungsprozesse stoppen sollen, kommen DEI-Bürokratien gar nicht umhin, mit den Konzepten der Mikroaggression, der Triggerwarnung oder der sicheren Räume zu arbeiten.

Selbst die im soziologischen Modell beschriebene Opferkultur ist tief in der Rechtsprechung verwurzelt, insofern der Begriff der »geschützten Gruppen« und »Klassen« über die Gruppenidentität von historischen Diskriminierungsopfern definiert wurde. Und auch die überraschende Beobachtung, dass die neu geschaffenen DEI-Stellen vor allem mit Erziehungswissenschaftlern besetzt wurden, gewinnt aus dem juristischen Blickwinkel eine hohe Plausibilität. Es waren schließlich Gerichtsurteile, welche den Tatbestand der Diskriminierung in die Sphäre des Unbewussten und Nichtintentionalen verschoben haben, infolgedessen Unternehmen und Institutionen sich genötigt sahen, ihre Mitarbeiter und Angestellten in ihrem Sprechen und Verhalten zu erziehen – was eine genuin pädagogische Aufgabe ist.

Anglosphere und Eurosphere

Aus dem juristischen Erklärungsmodell lässt sich ablesen, warum das Cancel-Culture-Syndrom in den USA seinen Ursprung hat, aber es besitzt einen Schwachpunkt: Es kann keinen Grund angeben, warum es in den 2010er-Jahren zu einem *Great Awokening* kam. Diese Erklärungslücke schließt unser medientheoretisches Modell: Mit der Verfügbarkeit der neuen digitalen Medien vor knapp zehn Jahren konnten sich genau jene kommunikativen Feedbackschleifen in Institutionen ausbilden, die zu diesem Zeitpunkt zu einer Eruption der Cancel Culture führten.

Besonders interessant für eine europäische Leserschaft wäre aber die Frage, wie stark und wie nachhaltig sich die Wokeness auch hierzulande ausbreiten wird. Nach der Rekonstruktion des juristischen Modells liegt die Erklärung aber auf der Hand: Man braucht sich nur die unterschiedlichen Wirkmechanismen von Common Law und Civil Law anzuschauen. Während es bei einem Gerichtsurteil unter dem in Europa vorherrschenden Civil Law zu einer bloßen Anwendung eines detailliert ausformulierten Gesetzestextes kommt, existiert unter dem in der Anglosphere verbreiteten Common Law ein Richterrecht, das mithilfe von Präzedenzfällen selbst Recht schaffen kann. Ein Großteil des juristischen Netzwerkes, in dem das Cancel-Culture-Syndrom in den USA verankert ist, beruht auf solchen exemplarischen Gerichtsentscheidungen.

Das amerikanische Rechtssystem versucht viel weniger als das deutsche oder französische, allgemeine kohärente Gesetzestexte zu schaffen, die alle möglichen Fälle in der Zukunft antizipieren können, sondern es kreiert aus dem konkreten historischen, politischen und lokalen Kontext heraus Gesetze, die erst einmal, so inkonsistent sie auch scheinen mögen, ihre Wirkungsmacht entfalten. Falls sich Gesetze als unpraktikabel erweisen, können sie jedoch von späteren Urteilen wieder zurückgenommen und überschrieben werden. So hat vor kurzem das Oberste Gericht der USA in *Students for Fair Admissions v. Harvard* (2023) den Präzedenzfall *Grutter v. Bollinger* (2003) wieder außer Kraft gesetzt, der die Berücksichtigung von *race* als ein Kriterium bei der Vergabe von Hochschulplätzen erlaubte und damit die gesetzliche Grundlage für die *race*-basierte *affirmative action* schuf. Asian Americans hatten die Harvard-Universität verklagt, weil sie bei den Zulassungsverfahren systematisch diskriminiert wurden, mit der Folge, dass das Gericht die *affirmative action*, die es im Fall von 2003 noch für verfassungskonform hielt, nun für verfassungswidrig erklärte.

Das Civil Law besitzt anscheinend eine viel geringere temporäre Paradoxietoleranz als das Common Law. Jene »Achillesferse des Bürgerrechtsprojekts«, die Christopher Caldwell in *The Age of Entitlement: America Since the Sixties* (2023) beschreibt, hätte man unter den hohen Konsistenzanforderungen des deutschen Rechts viel früher gesehen und viel ernster genommen; und man würde aus juristischen Überlegungen heraus zögern, Gerechtigkeit über die Definition von geschützten Kategorien herstellen zu wollen:

> *»Als sich die Bürgerrechte auch auf andere Gruppen als Schwarze ausweiteten, markierte der Begriff ›People of Color‹ die Weißen als die einzigen Menschen, die auf diese Weise ausgeschlossen wurden, und legitimierte diesen Ausschluss. In diesem Sinne hatten die Vereinigten Staaten das Problem neu geschaffen, zu dessen Lösung sie den Civil Rights Act*

verabschiedet hatten: Sie hatten zwei Klassen von Bürgern. [...] Das war die große Achillesferse des Bürgerrechtsprojekts. Es brachte schließlich eine kritische Masse von Weißen dazu, sich selbst als Rasse zu begreifen, ob sie es wollten oder nicht.«[59]

Eine zweite Differenz zwischen Civil Law und Common Law besteht in den Gerichtsverfahren selbst. Während in den europäischen Rechtssystemen, die ihren Ursprung im Römischen Recht haben, ein Richter alle Indizien, Zeugenaussagen und Argumente von Anklage und Verteidigung prüft und auf der Grundlage aller zur Verfügung stehenden Informationen ein Urteil fällt, sind Gerichtsprozesse unter dem Common Law eher wie ein sportlicher Wettstreit organisiert. Hier treten die Anwälte zweier Parteien vor Jurys aus Geschworenen auf – die keine Juristen sind – und versuchen, dieses Publikum mit möglichst plausiblen und für Laien nachvollziehbaren Argumenten auf ihre Seite zu ziehen. Weil es unter diesen Umständen auf die intellektuelle und rhetorische Brillanz, aber auch auf das schauspielerische Talent der Anwälte ankommt, hängt der Ausgang von Prozessen in einem ganz erheblichen Maße von Staranwälten mit exorbitanten Gagen ab.

Das Common Law besitzt also eine viel größere Plastizität als das Civil Law, weil es einerseits über die eigenständige Rechtsquelle der Präzedenzfälle verfügt und der Ausgang dieser Fälle andererseits von der Performance der Anwälte und der Zusammenstellung der Geschworenengerichte abhängt.

Deswegen konnte sich in den USA aus der Bürgerrechtsgesetzgebung eine Rechtspraxis entwickeln, die einen Gerechtigkeitswert derart verabsolutiert, dass es zu einer massiven Einschränkung von Freiheitswerten kommen konnte. Diese Entwicklung hat es in abgeschwächter Form dann auch in anderen Ländern der Anglosphere wie in Kanada, Australien und Großbritannien gegeben. Unter einem Civil Law, das permanent eine Konsistenzprüfung von Gesetzen vornimmt, dürfte eine solche Eigendynamik des Rechts sehr viel unwahrscheinlicher sein.

Deswegen würde ich abschließend die Prognose wagen, dass sich das Cancel-Culture-Syndrom in Europa – auch in Zukunft – weniger aggressiv als in der Anglosphere ausbreiten wird. Selbst wenn es in vielen Institutionen zu einer digitalen Selbstverstärkung von politischer Kommunikation kommt und sich Institutionen in Ideologiemaschinen verwandeln, so fehlt diesen Ideologiemaschinen doch das juristische Fundament aus der Anglosphere.

Das religiöse Modell

John McWhorter, ein schwarzer liberaler Linguistik-Professor an der Columbia University, beschreibt in *Woke Racism: How a New Religion has Betrayed Black America* (2022) die dritte Welle des Antirassismus (die 2010 einsetzt und der die Idee des strukturellen Rassismus zugrunde liegt) als eine Religion. Zwar schwingt im Wort *wokeness* – dem »Erwecktsein« – bereits eine religiöse Komponente mit, doch diese Konnotation macht McWhorter jetzt explizit. Er verzichtet bewusst auf die kulturkämpferischen Begriffe der *social justice warriors* und des *woke mob* und übernimmt stattdessen eine Wortprägung des Essayisten Joseph Bottum, der von den »Erwählten« *(»the Elect«)* spricht.[60] Dass es der Autor wirklich ernst mit seiner These meint, macht er gleich am Anfang deutlich:

> *»Eines muss klar sein: Ich will damit nicht sagen, dass die Ideologie dieser Leute [the Elect] ›wie‹ eine Religion ist. Ich ziehe keinen rhetorischen Vergleich heran. Ich meine, dass sie tatsächlich eine Religion ist.«*[61]

Im Kapitel »Die neue Religion« folgt dann ein Plausibilitätsbeweis, indem der Autor vorführt, dass sich sieben charakteristische Merkmale des Christentums im heutigen Antirassismus wiederfinden lassen.

1) »Die Erwählten sind abergläubisch.« Damit meint McWhorter eine »Suspendierung des Unglaubens«, die durch symbolische Gesten der Unterwerfung beglaubigt wird. Hierunter zählt er das Ausstrecken der Hände über den Kopf, wenn Menschen analog zur Pfingstbewegung ihre »weißen Privilegien« bekennen, oder auch das In-die-Knie-Gehen, wie es während der Black-Lives-Matter-Proteste zu beobachten war. Es handelt sich hierbei also um öffentlich vollzogene Glaubensbekenntnisse.

2) »Die Erwählten besitzen einen Klerus.« McWhorter zieht hier eine Analogie zu den Starautoren der Wokeness-Bewegung, die zentralen Glaubenssätze des Antirassismus

wie in einer Predigt wiederholen, paraphrasieren und einer versammelten Gemeinde offenbaren:

> *»Die Weißen strömen in Scharen zu Robin DiAngelo [Autorin des Bestsellers* White Fragility, *2018] und bezahlen sogar dafür, dass sie ihnen die kontraintuitive Lektion erteilt, sie seien rassistische Rädchen in einer rassistischen Maschinerie und ein gesellschaftlicher Wandel werde nur möglich, wenn sie dies zugeben und ihren Rassismus ablegen [...]. Da sie religiöses Gedankengut lehrt, ist sie eine reisende Prominentenpredigerin nach dem Vorbild von Aimee Semple McPherson [eine Evangelistin der 1920er- und 1930er-Jahre, die in Amerika äußerst populär war]. Das Zentrum für antirassistische Forschung, das die Boston University Ibram Kendi [Autor des Bestsellers* How to be an Antiracist, *2019] zur Verfügung gestellt hat, ist eine Predigerschule, da es sich an Kendis religiöser Sichtweise auf den Rassismus orientiert. Es wurde für jemanden eingerichtet, dessen formale Referenzen die eines Gelehrten sind, der tatsächlich in der Gesellschaft aber die Funktion eines Priesters erfüllt.«*[62]

3) »Die Erwählten haben eine Erbsünde [d. h., in der Religion der Erwählten gibt es das Theologem von der Erbsünde]«. Die Erbsünde der Weißen bestehe darin, dass sie mit einem »weißen Privileg« *(white privilege)* ins Leben starten.

4) »Die Erwählten sind evangelikal«, das heißt, sie versuchen diejenigen, welche nicht an die Konzepte des »strukturellen Rassismus« oder des »weißen Privilegs« glauben, in Vorträgen und Antirassismus-Seminaren zu bekehren.

5) »Die Erwählten sind apokalyptisch.« In den Schriften von DiAngelo und Kendi lässt sich ein Äquivalent zum Tag des Jüngsten Gerichts finden; es ist der große Tag, an dem Amerika sich seinen eigenen Rassismus *eingesteht*, sich mit ihm wirklich *auseinandersetzt* und ihn schließlich *beendet*. McWhorter bemerkt hierzu lapidar:

> *»Die allgemeine Auffassung, dass Amerika [...] den Rassismus verleugnet [...] ist völlig absurd. Amerika ist geradezu davon besessen, über Rassismus zu reden und ihn als solchen anzuerkennen, und diejenigen, die Jahr für Jahr darauf bestehen, dass Amerika nichts davon hören will, leben in einer reinen Fantasiewelt.«*[63]

6) »Die Erwählten verbannen die Ketzer.« Die Parallelen zur Cancel Culture sind offensichtlich. Es gibt eine gut dokumentierte Praxis, diejenigen, die der Doktrin des Antirassismus widersprechen oder ihr zuwiderhandeln, aktiv zu bekämpfen, was bis zur Vernichtung ihrer beruflichen Existenz reichen kann. Hier kommt sogar der Teufel ins Spiel:

> *»Warum können sie [the Elect] keine anderen Ansichten zulassen? Denken Sie daran, dass es sich hier um Religion handelt, nicht um Politikwissenschaft, und zwar um eine Religion, die dem gläubigen Christentum unheimlich ähnlich ist. Für die Erwählten ist der Rassismus das Äquivalent zu Satan. Wenn ich glaube, man könne Satan einfach gewähren lassen, habe ich das Thema verfehlt. Ich liege einfach ›falsch‹.«*[64]

7) »Die Erwählten verdrängen ältere Religionen«, was vor allem bedeutet, dass bestimmte Kirchen in den USA die Doktrin dieser neuen Antirassismus-Religion übernehmen.

McWhorter führt wie gesagt einen Plausibilitätsbeweis, wenn er diese religiösen Charakteristiken auf den neuen Antirassismus überträgt und mit Beispielen belegt. Er entwickelt allerdings keine klaren Begriffe, anhand derer sich Religion und Ideologie theoretisch unterscheiden lassen. Im Text werden diese Ausdrücke oft wie Synonyme behandelt, obwohl die provokante These des Buches gerade darin besteht, dass es sich bei der Wokeness nicht nur um eine politische Ideologie, sondern im wörtlichen Sinne um Religion handele. Setzen wir unseren in diesem Buch entwickelten Ideologiebegriff voraus, fällt zunächst eine große Gemeinsamkeit auf: In beiden Fällen handelt es sich um Überzeugungssysteme, die sich unbestreitbar machen bzw. den Unglauben suspendieren.

Das markanteste Merkmal von Religionen dürfte aber darin liegen, dass sie Menschen ein emphatisches Sinnangebot machen, indem sie all ihren *positiven und negativen* Erfahrungen im irdischen Leben einen positiven Sinn zusprechen. Jede Immanenzerfahrung wird durch einen Transzendenzbezug (einen Gott) doppelcodiert.[65] Einen solchen permanent mitlaufenden Verweis auf eine ganz andere, jenseitige Welt besitzen Ideologien aber normalerweise nicht. Sie verfolgen konkrete profane Ziele wie eine Rentenerhöhung, was für viele Wähler sicherlich ein Grund zur Freude ist, aber nicht ihre Sinnprobleme löst.

Ein starkes Sinnversprechen kann jedoch auch von radikalen Ideologien wie dem Faschismus oder dem Kommunismus ausgehen, in deren Theorie ein archimedischer Punkt eingebaut ist, von dem aus sich die ganze schlechte Welt aus den Angeln heben lässt und alle Probleme sich wie von selbst auflösen. Für den Faschismus bestand diese »Endlösung« in einer Welt ohne Juden, für den Kommunismus bestand sie in einer Welt ohne Privateigentum und Bourgeoisie. Extremistische Ideologien sind auf solche Extreme des politischen Handelns fokussiert. Sie können gerade deswegen zu einer quasireligiösen Begeisterung führen, weil sie nicht nur eine Rentenerhöhung versprechen, sondern dass sich das Schicksal der ganzen Menschheit zum Besseren wendet. Bei Hitler- und Stalin-Reden wurden die Massen von eben diesem weltumstürzenden Geist ergriffen. Und mit einem expliziten Verweis auf die »säkularen Religionen« dieser Diktatoren beobachtet McWhorter auch bei den *Elect* eine analoge Ergriffenheit, die sich von einer Welt ohne strukturellen Rassismus und weißes Privileg eine ganz andere, von allen Übeln erlöste Welt erhoffen. Im Existenzmodus der Wokeness begleitet diese Utopie jede Beobachtung und jede Handlung, wodurch sich tatsächlich ein Transzendenzbezug einstellt: ein Begleitetsein des eigenen Daseins von einem höheren Sinn.

Auch diese auffällige Strukturanalogie rechtfertigt es allerdings nicht, Ideologien einfach mit Religionen gleichzusetzen. Die Funktion von Ideologien besteht darin, Gruppenidentitäten mit gemeinsamen Gruppeninteressen herzustellen, die sich dann in der politischen Auseinandersetzung durchsetzen lassen; diese Aufgabe erfüllen Ideologien gleichermaßen für Parteien und Protestbewegungen. Radikale Ideologien schließen deshalb auch ganze Bevölkerungsgruppen aus – sei es, weil es Juden, Kapitalisten oder Weiße sind.

Vermutlich um dem Vorwurf des »Rassismus gegenüber Weißen« begegnen zu können, hat die *Critical Race Theory* das Theorem entwickelt, dass »Weißsein« nicht als Hautfarbe, sondern als eine »gesellschaftspolitische Norm und Machtposition«[66] zu verstehen sei; praktisch geht es bei Hochschulzulassungen und Einstellungen aber sehr wohl um empirische Kriterien wie *color* und *race*. Kein weißes Arbeiterkind kann sich aufgrund seiner nichtprivilegierten sozialen Position als »Schwarz« definieren und damit einen Studienplatz in Harvard erlangen, der für Schwarze vorgesehen ist.

Radikale Ideologien treffen immer harte Schmitt'sche Unterscheidungen zwischen Freund und Feind. Im Gegensatz dazu formulieren Weltreligionen wie das Christentum keine identitären Exklusionskriterien, sondern sind potenziell für alle Menschen offen, die sich zu ihnen bekennen. So schreibt der Apostel Paulus im Neuen Testament an die Galater: »Es gibt nicht mehr Juden und Griechen, nicht Sklaven und Freie, nicht Mann und Frau; denn ihr alle sei ›einer‹ in Christus Jesus.« In der Regel beruht der religiöse Glaube also allein auf dem Glauben und auf keiner weltlichen Identität. Wenn man dieses Unterscheidungsmerkmal anlegt, handelt es sich bei der Wokeness nicht um eine Religion, sondern um eine radikale Ideologie, die einer sozialen Bewegung zugrunde liegt und ein quasireligiöses Sinnangebot macht.

Das rhetorische Modell

Greg Lukianoff und Rikki Schlott führen in *The Canceling of the American Mind* (2023) das Konzept der »rhetorischen Festung« ein, das im Detail beschreibt, mit welchen Techniken die Cancel Culture in den USA arbeitet. Der Ansatz lässt sich nahtlos mit unserer bislang entwickelten Ideologietheorie verknüpfen. Wie gesagt, stellen Ideologien ihre eigene »Unbestreitbarkeit« nicht nur über kulturelle und logische Evidenzen her, sondern sichern diese auch über Machtmechanismen ab, die in ihre politischen Sprachspiele eingebaut sind. Wenn Diskussionen in einem homogenen Wertemilieu geführt werden, so hatten wir gesagt, kommt es aufgrund von befürchteten Reputationsschäden zu Gruppenpolarisierungseffekten. Wie stark dieser Konformitätsdruck ausfällt, hängt wiederum von der Beschaffenheit der politischen Sprachspiele ab, insofern sie die Gestalt von moderaten oder radikalen Ideologien annehmen können. Das Modell der rhetorischen Festung gibt uns jetzt die Möglichkeit, ein markantes Unterscheidungsmerkmal zwischen moderaten und radikalen Ideologien noch einmal aus einem anderen Blickwinkel zu formulieren: Radikale Ideologien verbarrikadieren sich in einer rhetorischen Festung.

Man kann Argumente gewinnen, ohne zu argumentieren, wobei es sich hier im weiteren Sinne um Ad-hominem-Argumente handelt, welche auf die Diskreditierung der Person zielen. Lukianoff und Schlott unterscheiden hierbei eine linke und eine rechte rhetorische Festung und belegen ihre Ausführungen mit einer Vielzahl von Beispielen aus der jüngsten Geschichte amerikanischer Cancel Culture.

Die linke rhetorische Festung wird heute von identitätspolitischen Theorien wie der *Critical Race Theory* konstruiert, die einen Begründungszusammenhang entwickelt, welche Argumente von welchen gesellschaftlichen Gruppen valide sind und welche nicht. Die beiden Autoren beschreiben eine ganze Kaskade von Kommunikationsbarrikaden, welche die linke rhetorische Festung errichtet hat. Eine Sprecherposition kann über die Identitätsmarker von *conservative*, *race, sex, sexuality, trans or cis* delegitimiert werden. Ein Grund für das Ignorieren von Argumenten kann aber auch die Zuschreibung sein, dass ein Sprecher oder eine Sprecherin »phobic« sei, dass man ihm oder ihr eine »Kontaktschuld« nachweisen kann oder dass jemand in einer Auseinandersetzung die Beherrschung verliert. Zudem gibt es *thought terminating clichés*, also Klischees, die das Nachdenken stoppen, wenn man sie verletzt, wie etwa, dass man niemanden kritisieren darf, der weniger privilegiert oder mächtig ist als man selbst. Und schließlich gibt es auch noch das Mittel der emotionalen Erpressung, wo Empörung und Tränen eine sachliche Auseinandersetzung unmöglich machen.[67]

Zu den hervorstechenden Merkmalen radikaler Ideologien gehört es, dass sie ihre Unbestreitbarkeitsprämisse dadurch zementieren, dass sie Sprecherpositionen delegitimieren, mit der Folge, dass sich ihre eigenen Ideologeme von einer solchen Position aus prinzipiell nicht mehr kritisieren lassen. Laut der Social-Justice-Theorie gehören rassistische und patriarchale Einstellungen zu den Wesensmerkmalen von weißen Männern, die ihre Macht gegenüber Schwarzen und Frauen im Medium der Sprache ausüben. Wenn man diese Prämissen teilt, dann folgt daraus zwingend, dass jeder Sprechakt von »alten weißen Männern« ein Akt der Gewalt und Dominanz ist und dass sich mehr soziale Gerechtigkeit in der Gesellschaft durchsetzen ließe, wenn man dieser Gruppe keine Plattform zum Sprechen gäbe und ihre Redefreiheit systematisch beschränkte. Man hat es hier mit einem Argument zu tun, welches das Argumentieren überflüssig macht.

Wir hatten radikale Ideologien bislang darüber charakterisiert, dass sie nicht nur politische Ideen wie Freiheit, Gleichheit, Solidarität oder Tradition unterschiedlich gewichten, sondern dass sie den intrinsischen Wertepluralismus komplementärer politischer Kernbegriffe zugunsten eines einzigen politischen Wertes aufkündigen und diesen verabsolutieren. Eine derart extremistische Wertekonstellation lässt sich nicht mehr mit Argumenten verteidigen, sondern sie muss sich – um stabil zu bleiben – gegen Einwände immunisieren. Und genau diesen Abschottungseffekt erreichen radikale Ideologien, indem sie ihre politischen Sprachspiele in rhetorische Festungen verwandeln. Moderate Ideologien verkapseln sich zwar ebenfalls in kritikimmune Sprachspiele, aber sie respektieren den politischen Gegner und sprechen ihm nicht das Recht ab, sich zu äußern; sie führen, mit anderen Worten, einen politischen Streit über die richtige Konstellation einer Vielzahl von komplementären politischen Werten.

Die rechte rhetorische Festung, die in *The Canceling of the American Mind* beschrieben wird, ist denkbar einfach gebaut, weil sie nicht über aktivistische Theorien konstruiert wird, sondern in Gewohnheiten, Ressentiments und im »gesunden Menschenverstand« verankert ist. Sie ist aber nicht weniger effizient, da sie es den Konservativen (oder besser gesagt, allen radikalen »Make-America-Great-Again«-Konservativen) erlaubt, Fakten, Argumente und Einwände pauschal zu ignorieren, zurückzuweisen oder zu Fake News zu erklären. Auch hier werden zunächst einmal Identitätskategorien konstruiert – nämlich die der Liberalen, der Experten, der Journalisten und der Trump-Gegner –, welche eine Sprecherposition a priori delegitimieren.[68]

Lukianoff und Schlott sind sich bewusst, dass man unter Cancel Culture gewöhnlich eine Cancel Culture von links versteht; sie haben aber allen Grund, den Begriff auf beide politischen Lager auszuweiten: »Es mag die Leser überraschen«, schreiben sie,

> *»dass im Jahr 2017 mehr Professoren von rechts als von links unter Druck geraten sind. Der sprunghafte Anstieg konservativer Empörungswellen in diesem Jahr, die sich gegen Professoren richteten, fiel in eine Zeit, in der das Interesse der Konservativen an den Verrücktheiten auf dem Campus wieder auflebte – und in der auch Initiativen zum Canceln linker Professoren gestartet wurden.«*[69]

Der Kulturkampf hatte nach Trumps Wahlsieg in den USA an Fahrt aufgenommen. Rein quantitativ gibt es heute ein linkes Übergewicht bei der Cancel Culture. An den besten zehn Eliteuniversitäten der USA gehen nur ein Viertel aller

Cancel-Versuche, die sich gegen das Lehrpersonal richten, von Konservativen aus; zudem wird die überwiegende Mehrheit der Studenten von links gecancelt.[70]

Bemerkenswert ist aber auch, dass noch vor mehr als einem guten Jahrzehnt die Cancel Culture von rechts bei weitem die Cancel Culture von links in den USA übertroffen hatte; in 72 % aller Fälle, welche die *Campus Deplatforming Database* von FIRE zwischen 1998 und 2012 registrierte, wurde die Redefreiheit von konservativer Seite eingeschränkt. Federführend war hierbei die katholische *Cardinal Newman Society*, die insbesondere an privaten religiösen Bildungseinrichtungen aktiv wurde und nicht nur die Aufführung der »Vagina-Monologe«, sondern auch den Auftritt von Politikern wie Barack Obama und Hilary Clinton verhinderte.[71] Dass man Cancel Culture heute weniger mit der konservativen Rechten als mit der progressiven Linken in Verbindung bringt, liegt zunächst einmal an den veränderten Zahlenverhältnissen; es gibt aber auch einen qualitativen Unterschied. In der Regel handelt es sich bei rechten Cancel-Versuchen um externe politische Interventionen, indem zum Beispiel konservative Abgeordnete eine Universität oder einen Fernsehsender auffordern, einen Mitarbeiter aufgrund seiner Äußerungen zu entlassen. Auch diese Cancel-Versuche werden von einem Empörungsmob verstärkt, der aber nicht aus dem Inneren der Institutionen kommt, sondern sich über das Internetradio (*talk radio*) und die sozialen Medien organisiert. Zudem wurden eine ganze Reihe von Gesetzesinitiativen auf den Weg gebracht, welche sich gegen die Cancel Culture von links richten, die das Lehren und Diskutieren aktivistischer Theorien wie der *Critical Race Theory* an Schulen und Universitäten verbieten und das Entfernen der entsprechenden Bücher aus den Bibliotheken fordern.

Es gibt also in den USA eine konservative Gegenbewegung zu jener von Richard Hanania beschriebenen »Wokeness-als-Recht«, die man in Analogie dazu als »Antiwokeness-als-Recht« bezeichnen könnte. Die entsprechenden Gesetze haben nicht umsonst Spitznamen wie »Stop WOKE Act« oder »Don't Say Gay Bill« erhalten. Abgesehen davon, dass diese Gesetze in die Lehr- und Wissenschaftsfreiheit eingreifen und zum Teil nicht verfassungskonform sind, führen sie zu ähnlichen Einschüchterungseffekten wie die sprachregulatorische Identitätspolitik der Linken. Auch diese Gesetze kommen nicht umhin, mit vagen Formulierungen zu arbeiten, wenn sie eine Grenze zwischen dem Sagbaren und dem Nichtsagbaren juristisch definieren wollen.

Jenes sogenannte Don't-Say-Gay-Gesetz (d. h. der 2022 in Florida erlassene »Parental Rights in Education Act«) verbietet zum Beispiel jede Art von Unterweisung *(instruction)* in Bezug auf Sex und Gender im Unterricht bis zur dritten Klasse, wobei es auch Initiativen gibt, solche Sprachregelungen auf das ganze Bildungssystem auszuweiten.[72] Da die Frage zwischen Lehrern und Eltern strittig ist, an welchem Punkt eine »Instruktion über Sex und Gender« anfängt und an welchem sie endet, werden sich mit ihr am Ende amerikanische Gerichte beschäftigen müssen – was die bekannten Folgen haben wird, nämlich, dass diese Themen überhaupt nicht mehr diskutiert und Lehrer, die es doch tun, gecancelt werden. Vermutlich liegen auch in diesen Fällen die rechtlichen Hürden, solche Gesetze zu erlassen, unter dem Civil Law höher als unter dem Common Law – zumindest, solange die Gewaltenteilung nicht angetastet wird und die Gerichte politisch unabhängig bleiben.

Wenn wir uns in diesem Buch primär mit linker Cancel Culture beschäftigen, hat dies einen einfachen Grund: die rechte Cancel Culture braucht keine Theorie; sie beruht auf einer simplen rhetorischen Festung und bildet, zumindest bislang, keine Ideologiemaschinen aus. All dies kann sich aber schnell ändern, wenn es zu einer populistischen Revolte kommt und sich die politischen Machtverhältnisse schlagartig ändern. Auf eine solche Situation sind diejenigen Institutionen am besten vorbereitet, die schon heute gelernt haben, ihre Eigenwerte der Bildung, der Kunst und der Wissenschaft gegen politische Eingriffe zu verteidigen und anstelle einer *cancel culture* eine robuste *free speech culture* in sich ausgebildet haben.

Systemtherapie

Es gab in den letzten Jahren eine ganze Reihe von Versuchen, Institutionen zu restabilisieren, deren Funktionalität durch *cancel culture, wokeness, deplatforming, safetyism* und *victimhood culture* ernsthaft infrage gestellt wurde. Diese Interventionen sind sehr heterogen und scheinen auf den ersten Blick wenig miteinander zu tun zu haben, aber sie erfüllen letztendlich ein und dieselbe Funktion: nämlich jene Feedbackschleifen ideologischer Kommunikation zu unterbrechen, die sich in diesen Institutionen infolge der Digitalisierung ausgebildet haben. Verdeutlichen lässt sich dies wiederum am Modell der digital forcierten Gruppenpolarisierung. Man sieht jetzt, wie sich auf den verschiedenen Institutionsebenen – auf der Ebene der Leitbilder, der Administration und der Akteure – Resonanzunterbrecher für politische Kommunikation in Institutionen einbauen lassen (Abb. 4).

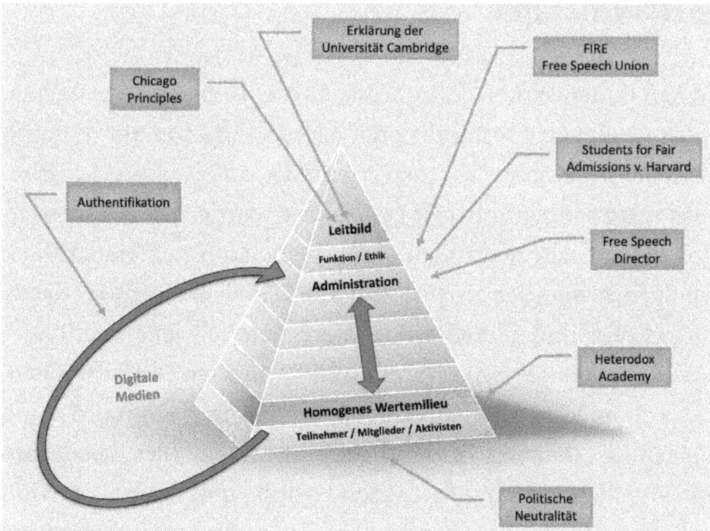

Abb. 4: Modell der Ideologiemaschinen mit Resonanzunterbrechern

Die Universität von Chicago veröffentlichte 2015 ihre sogenannten *Chicago Principles*, in denen sie *free speech* noch einmal explizit als ein Leitbild der Universität definiert. Nachdem man zunächst die über einhundertjährige Geschichte Revue passieren lässt, in der sich die Normen der Redefreiheit an der Universität etabliert haben, folgen vier Absätze, in denen vier Prinzipien aufgestellt werden (ohne, dass diese im Text als solche markiert wären).

Das erste Prinzip definiert die Redefreiheit als einen ethischen Wert, der mit den Ideen von *microagressions, safetyism, victimhood culture, wokeness* und einer darüber legitimierten *cancel culture* nicht kompatibel ist:

> *»Es ist jedoch nicht die Aufgabe der Universität, einzelne Personen gegen Ideen und Meinungen abzuschirmen, die sie als unerwünscht, unangenehm oder sogar zutiefst verletzend empfinden. Obwohl die Universität großen Wert auf Höflichkeit legt und alle Mitglieder der Universitätsgemeinschaft gemeinsam für die Aufrechterhaltung eines Klimas des gegenseitigen Respekts verantwortlich sind, kann die Sorge um Höflichkeit und gegenseitigen Respekt niemals als Rechtfertigung dafür dienen, die Diskussion von Ideen zu unterbinden, wie beleidigend [offensive] oder unangenehm [disagreeable] diese Ideen für einige Mitglieder unserer Gemeinschaft auch sein mögen.«*[73]

Das zweite Prinzip gibt Gründe an, unter denen die Universität sich das Recht vorbehält, die Meinungsfreiheit einzuschränken, wie etwa bei Gesetzesverstößen, Verleumdungen oder bei Sicherheitsbedenken, fügt aber zugleich hinzu, dass es sich hier um eng zu fassende Ausnahmefälle handelt, die nicht für eine darüber hinaus gehende Beschränkung der Meinungsfreiheit instrumentalisiert werden dürfen.

Das dritte Prinzip erklärt, dass die Meinungsfreiheit einzelner auch dann nicht beschnitten werden darf, wenn sich innerhalb der Universität eine Mehrheit findet, die das aus moralischen oder rationalen Gründen befürwortet. Man kann davon ausgehen, dass dieser Absatz bereits auf Erfahrungen von starken Gruppenpolarisierungen reagiert, in deren Folge sich Mehrheiten bilden, welche im Interesse politischer Werte eine bestimmte Sprachpolitik an den Institutionen durchsetzen möchten. Zudem wird betont, dass es nicht zu den Aufgaben einer Universität gehört, eine Richterfunktion in moralischen Konflikten auszuüben, was die Macht von inneruniversitären Ethik-Stellen limitiert.

> *»Kurz gesagt, die Universität hat sich dem Grundsatz verschrieben, dass Debatten oder Überlegungen nicht unterdrückt werden dürfen, nur weil die vorgebrachten Ideen von einigen oder sogar den meisten Mitgliedern der Universitätsgemeinschaft als beleidigend, unklug, unmoralisch oder unvernünftig angesehen werden. Es ist Sache der einzelnen Mitglieder der Universitätsgemeinschaft, nicht der Universität als Institution, diese Urteile für sich selbst zu fällen und auf der Grundlage dieser Urteile zu handeln, und zwar nicht, indem sie versuchen, die Rede zu unterdrücken, sondern indem sie die Ideen, die sie ablehnen, offen und energisch bestreiten.«*[74]

Mit dem vierten Prinzip verpflichtet sich die Universität dazu, die freie Meinungsäußerung zu schützen und zu fördern, aber sie fordert zugleich auch alle Mitarbeiter auf, nach dem Grundsatz der freien Meinungsäußerung zu handeln. Begründet wird diese Selbstverpflichtung mit einem Abschlussgedanken, nämlich, dass eine Universität ohne ein lebendiges Engagement für freie und offene Forschung aufhöre, eine Universität zu sein. Die Chicago-Prinzipien affirmieren also die Redefreiheit als einen zentralen Eigenwert der Institution »Universität«, der durch politische

Werte und Mehrheitsbeschlüsse nicht außer Kraft gesetzt werden darf.

Bis Dezember 2023 hatten insgesamt 105 weitere Universitäten in den USA die Chicago-Prinzipien übernommen.[75] Aber es sind inzwischen nicht nur Bildungseinrichtungen, sondern auch Unternehmen, die solche Richtlinien verfassen, um die Auswirkungen der Identitätspolitik auf ihre Betriebsabläufe einzudämmen. Das bislang prominenteste Beispiel ist Netflix, das in seiner »Mission« einen Passus über »künstlerische Freiheit« eingebaut hat:

> *»Nicht jeder wird alles mögen, was wir anbieten, oder damit einverstanden sein. Auch wenn jeder Film anders ist, gehen wir nach den gleichen Prinzipien vor: Wir unterstützen den künstlerischen Ausdruck der Autoren, mit denen wir zusammenarbeiten; wir produzieren für eine Vielzahl von unterschiedlichen Zuschauern und Geschmäckern; und wir lassen die Zuschauer entscheiden, was für sie geeignet ist, anstatt dass Netflix bestimmte Künstler oder Stimmen zensiert. Als Mitarbeiter unterstützen wir den Grundsatz, dass Netflix eine Fülle verschiedener Geschichten anbietet, auch wenn wir das Gefühl haben, dass einige Filme im Widerspruch zu unseren eigenen persönlichen Werten stehen. Je nach Ihrer Rolle müssen Sie vielleicht an Filmen arbeiten, die Sie als verletzend empfinden. Wenn es Ihnen schwerfällt, unsere inhaltliche Bandbreite zu unterstützen, ist Netflix vielleicht nicht der beste Ort für Sie.«*[76]

Da die neue identitätspolitische Moralkultur das Spektrum künstlerischer Ausdrucksmöglichkeiten beschränkt, müsste Netflix, wenn es ihr folgt, auf einen großen Teil seines Publikums verzichten. Dieses ökonomische Opfer kann und will das Unternehmen der *victimhood culture* nicht bringen, weshalb es seine Mitarbeiter vor die Alternative stellt, sich entweder auf den Boden der alten Moralkultur, sprich der Würdekultur, zu stellen, die von den Subjekten psychische Resilienz und politische Toleranz verlangt, oder sich einen anderen Job zu suchen.

Es gibt natürlich auch die umgekehrte Strategie, die Redefreiheit auf der Selbstbeschreibungsebene von Institutionen nicht zusätzlich abzusichern, was die Funktion der Chicago-Prinzipien und der Netflix-Richtlinien ist, sondern sie für die leichtere Durchsetzung politischer Ziele einzuschränken, wie dies 2020 an der Universität Cambridge versucht wurde. Die Universitätsleitung hatte eine »Erklärung zur Redefreiheit« zur Verabschiedung ausgearbeitet, die alle Mitarbeiter dazu verpflichtete, die Meinungen und Identitäten anderer Menschen zu »respektieren«. Der an der Universität lehrende Philosoph Arif Ahmed erkannte, dass diese Formulierung als ein sprachpolitisches Instrument konzipiert wurde und dass die Logik eines so reformulierten Leitbildes dazu führt, dass bestimmte Themen nicht mehr wissenschaftlich, sondern nur noch politisch an der Universität diskutiert werden können. Er brachte entsprechend einen Änderungsantrag ein, in dem er das Wort »respektieren« durch das Wort »tolerieren« ersetzte, was im folgenden Zitat von uns kenntlich gemacht wurde:

> *»Bei der Ausübung ihres Rechts auf freie Meinungsäußerung erwartet die Universität von ihren Mitarbeitern, Studierenden und Besuchern, dass sie die unterschiedlichen Meinungen anderer ~~respektieren~~ tolerieren, in Übereinstimmung mit dem Grundwert der Meinungsfreiheit der Universität. Die Universität erwartet von ihrem Personal, ihren Studenten und Besuchern auch, dass sie die unterschiedlichen Identitäten anderer ~~respektieren~~ tolerieren, in Übereinstimmung mit dem von der Universität vertretenen Grundwert der Diskriminierungsfreiheit.«*[77]

Was hier herausgestrichen wurde, ist das Vokabular der moralischen Kommunikation, denn »Respekt« ist nur ein Synonym für den Code der Moral, bei dem es um Achtung geht (man kann das englische »respect« auch mit »achten« ins Deutsche übersetzen). Toleranz gegenüber anderen Meinungen und Identitäten zu zeigen, heißt gerade nicht, dass man sie in irgendeiner Weise »gut« finden muss, sondern, dass man sie erträgt und erduldet und nicht gewaltsam zu unterdrücken versucht.

Auf den ersten Blick scheint dieser Kampf um Worte eine akademische Spitzfindigkeit zu sein, zumal man noch vor wenigen Jahren die Forderung nach einem respektvollen Miteinander als etwas Selbstverständliches und Unbedenkliches angesehen hätte. Es handelte sich aber nicht nur um eine Höflichkeitsformel, auf die das Universitätspersonal in Cambridge verpflichtet werden sollte, sondern um eine Regulierung ihrer Sprache. Nicht an und für sich, sondern erst dann, wenn Forderungen von gesellschaftlichen Gruppen nach Anerkennung institutionalisiert und verrechtlicht werden und nicht länger nur eine Frage des Anstands bleiben, kommt es zu Konflikten mit den Freiheitsrechten. Es entstehen damit Anreizsysteme, die Äußerungen von politischen Gegnern oder auch nur von missliebigen Kollegen und Konkurrenten als »respektlos« darzustellen und die entsprechenden Sanktionsmechanismen der Institutionen gegen sie in Gang zu setzen. Damit wird das Individuum genau jener Form von Willkür ausgesetzt, vor welcher das Gebot der Redefreiheit es eigentlich schützen soll. Wenn die Art und Weise, wie etwas gesagt wird, definieren kann, was gesagt wird, finden sich immer Mittel und Wege, einen Sprecher zu delegitimieren und ihn aus dem öffentlichen Diskurs zu exkludieren. Aus der Erfahrung, dass sich jede Unterscheidung zwischen dem Sagbaren und dem Nichtsagbaren als Instrument der Ausgrenzung benutzen lässt, haben liberale Demokratien die Lehre gezogen, die Redefreiheit so weit wie möglich zu fassen und gesetzlich zu schützen.

Der Änderungsvorschlag von Arif Ahmed wurde am 9. Dezember 2020 mit der überwältigenden Mehrheit von 1378 zu 208 Stimmen angenommen.[78] Der hohe Zustimmungswert von 86,9 % ist umso erstaunlicher, als es dem Initiator zunächst nur mit Mühe gelang, jene 25 Unterschriften zu sammeln, die für die Einbringung eines solchen Änderungsantrages erforderlich waren. Daraus lässt sich zum einen schließen, dass der moralische Druck, der an der Universität Cambridge von der hochschulinternen Identitätspolitik ausgeht, bereits so stark war, dass die meisten Universitätsmitarbeiter Bedenken hatten, sich zum Thema »Redefreiheit« öffentlich zu äußern. Zum anderen zeigt das Abstimmungsergebnis aber auch, dass die schweigende Mehrheit eine Politisierung der Wissenschaften ablehnt und sich sehr wohl darüber bewusst ist, welche Bedeutung der feine semantische Unterschied zwischen »respektieren« und »tolerieren« für die Redefreiheit besitzt. Beide Aspekte zusammen sind ein klares Indiz dafür, dass sich diese Institution bereits tief in eine Schweigespirale hineinmanövriert hatte.

In vielen Institutionen gibt es bislang kein Problembewusstsein für die Kollateralschäden einer digital verstärkten politischen Kommunikation auf die eigenen systemspezifischen Operationen, und entsprechend schlägt sich dies auch nicht wie an der Universität von Chicago oder bei Netflix in ihren Selbstbeschreibungen nieder. Hier kommt es zu Ausladungen, Disziplinarverfahren oder Entlassungen von Mitarbeitern und Gästen, die sich nicht an bestimmte Sprachregelungen halten oder sie auch nur zufällig aus Unwissenheit oder Gedankenlosigkeit verletzen.

Organisationen wie die 1999 gegründete *Foundation for Individual Rights and Expression* (FIRE) intervenieren nicht auf der Ebene der Leitbilder, sondern auf der Ebene der Administration, um Ideologisierungsprozesse zu unterbrechen, die zur Einschränkung von Freiheitsrechten führen. Diese Organisation hat es sich

»zur Aufgabe gemacht, die individuellen Rechte aller Amerikaner hinsichtlich von Meinungs- und Gedankenfreiheit zu verteidigen und zu erhalten – die wichtigsten Eigenschaften der Freiheit. FIRE klärt die Amerikaner über die Bedeutung dieser unveräußerlichen Rechte auf, fördert eine Kultur des Respekts für diese Rechte und stellt die Mittel bereit, sie zu bewahren.«[79]

Zu diesen »Mitteln« gehören insbesondere Rechtsmittel. FIRE versteht sich als eine politisch neutrale Organisation, welche die Betroffenen der Cancel Culture juristisch vertritt, ganz gleich, ob sie von links oder rechts gecancelt wurden. In vielen Fällen hat FIRE Universitäten aufgrund von Cancel-Vorfällen verklagt, womit den Institutionen der Weg des geringsten Widerstandes abgeschnitten wird, den sie aus Furcht vor Diskriminierungsklagen normalerweise einschlagen – nämlich harte Sprachcodes durchzusetzen und den Forderungen politischer Aktivistengruppen einfach nachzugeben. Übrigens war auch Arif Ahmed nicht ganz unvorbereitet in jene Auseinandersetzung mit der Universitätsleitung von Cambridge gegangen, sondern besaß als Mitglied der 2020 gegründeten *Free Speech Union* eine gewisse Rückendeckung.

Durch Organisationen wie FIRE, die *Free Speech Union* (FSU) in Großbritannien oder das *Netzwerk Wissenschaftsfreiheit*[80] in Deutschland werden Verwaltungsapparate gezwungen, zwei politische Wertesysteme auszubalancieren: das der Antidiskriminierung, das sich auf den Wert der Gleichheit beruft, und das der Redefreiheit, das auf dem Wert der Freiheit beruht. Damit wird sowohl das Dominantwerden einer radikalen Gleichheitsideologie als auch das Dominantwerden einer radikalen Freiheitsideologie blockiert, so wie jeder Wertepluralismus Ideologien daran hindert, sich in extremistischen Positionen zu verfestigen. Zu erwarten ist, dass die institutionalisierten DEI-Bürokratien – nach einer Reihe verlorener Präzedenzfälle – längerfristig zu moderaten politischen Positionen driften werden. Möglicherweise wird man diese Stellen aber ganz neu konzipieren müssen, denn selbst wenn sie in der analogen Medienwelt ein probates Mittel waren, ethische Gesichtspunkte in autonome Funktionssysteme zu inkludieren, so heißt dies nicht automatisch, dass derart stark institutionalisierte Diversitätsgesichtspunkte in einer digitalen Medienwelt dieselben positiven Effekte erzielen – sie können im Zusammenspiel mit den neuen Medien auch zu Ideologieverstärkern werden, welche die Institutionen von innen zerstören.

Diese mittelfristige Selbstkorrektur durch Gerichtsbescheide kann nicht verhindern, dass inzwischen viele Entscheidungsträger in Institutionen durch die Online-Kampagnen politischer Aktivisten zu radikalen politischen Positionen gedrängt werden. Die Gefahr unkalkulierbarer Reputationsschäden bleibt für sie und ihre Organisationen akut. An diesem Schwachpunkt setzt eine zweite Strategie der Free-Speech-Organisationen an, sobald es in Institutionen zu Cancel-Aufrufen und Deplatforming-Forderungen kommt. Ein offizieller Brief von FIRE oder FSU an die entsprechende Organisation reicht oftmals schon aus, damit strittige Mitarbeiter nicht entlassen oder Redner nicht ausgeladen werden. Diese Netzwerke lassen sich aber selbst wieder medial skalieren und dafür nutzen, eine Gegenöffentlichkeit herzustellen, so wie dies auch politische Aktivistengruppen mit einer identitätspolitischen Agenda tun.

> *»Wenn Sie in den sozialen Medien von einem digitalen Empörungsmob angegriffen werden, weil Sie Ihr Recht auf freie Meinungsäußerung wahrgenommen haben, können wir eine Armee von Unterstützern mobilisieren«,*

heißt es bei der *Free Speech Union* gleich an erster Stelle.[81] Der Einfluss dieser Free-Speech-Organisationen beschränkt sich also nicht nur auf die abschreckende Wirkung drohender Gerichtsprozesse und negativer Presse, sondern die hier generierte Gegenöffentlichkeit gibt den institutionellen Entscheidern auch eine gesellschaftliche Legitimation, einer Aufforderung zum Canceln *nicht* nachzukommen. Zudem erstellt FIRE regelmäßig ein *College Free Speech Ranking*, das 2023 von der Michigan Technological University mit 78 von 100 Punkten angeführt wird und in dem sich die Harvard University – von 248 insgesamt bewerteten Universitäten – auf dem letzten Platz mit 0 Punkten wiederfindet.[82]

Einen viel direkteren Versuch unternimmt derzeit die britische Regierung, der Redefreiheit an Universitäten zu ihrem Recht zu verhelfen. Im *Higher Education (Freedom of Speech) Act 2022* ist vorgesehen, einen *free speech champion* oder, wie es später auch heißt, einen *free speech director* zu installieren, der Vorfälle von Cancel Culture untersuchen soll und Geldbußen verhängen kann.[83] Zudem werden in dieser Gesetzesvorlage die Universitäten gesetzlich dazu verpflichtet, die freie Meinungsäußerung an ihren Institutionen aktiv zu fördern. Im Prinzip heißt dies, dass die DEI-Bürokratie, die infolge von Antidiskriminierungsgesetzen geschaffen wurde, durch eine Free-Speech-Bürokratie ergänzt wird. Durch eine solche Gesetzgebung verpflichten sich die Institutionen nicht nur auf der Ebene ihrer Leitbilder dazu, Gerechtigkeits- und Freiheitswerte gegeneinander abzuwägen, sondern werden vom Gesetzgeber auch dazu angehalten, Freiheit und Gerechtigkeit als gleichrangige ethische Werte zu behandeln, was einer Politisierung der Institutionen entgegenwirkt. Aufschlussreich ist in diesem Zusammenhang eine Pressemitteilung der britischen Regierung, in der das Motiv für die entsprechende Gesetzesvorlage sehr klar benannt wird:

> *»Wie die Untersuchungen von Policy Exchange zeigen, besteht das Problem darin, dass eine Online-Kultur es den Ansichten einer Minderheit ermöglicht, einen unverhältnismäßig großen Einfluss auf die Verwaltung auszuüben und andere Akademiker einzuschüchtern. Die Förderung einer Norm der politischen Nichtdiskriminierung und die Schaffung von Anreizen für die Verwaltungsmitarbeiter, das zu tun, wozu sie bereits gesetzlich verpflichtet sind, ist ein entscheidender Schritt zur Gewährleistung einer Kultur des freien Diskurses an unseren Universitäten.«*[84]

Diese Problembeschreibung bekräftigt noch einmal explizit unsere Kernthese: Viele Institutionen, die in einer analogen Medienwelt geschaffen wurden, werden in der neuen digitalen Medienwelt dysfunktional, weil sie auf politische Kommunikation extrem empfindlich reagieren. In diesem Sinne kann man auch den *free speech director* als einen Resonanzunterbrecher für Ideologien auffassen, der jetzt in die britische Universitätsbürokratie eingebaut wird. 2023 wurde Arif Ahmed zum ersten Direktor für Meinungsfreiheit und akademische Freiheit ernannt.[85]

Schließlich lassen sich nicht nur auf der Ebene der Leitbilder und der Administration, sondern auch auf der Ebene der Akteure Initiativen beobachten, die dem Übergreifen von politischer Kommunikation auf die systemspezifische Kommunikation entgegenwirken. Am bekanntesten ist die von Jonathan Haidt gegründete *Heterodox Academy* (HxA), bei der es sich um eine Organisation handelt, die folgenden Ansatz verfolgt:

> »*Unser Engagement für Heterodoxie in der Wissenschaft ist eine Reaktion auf die zunehmende Orthodoxie in der wissenschaftlichen Kultur, die dazu führt, dass Menschen Scham empfinden, Ausgrenzungen erleben oder andere soziale oder berufliche Repressalien fürchten, wenn sie eine vorherrschende Idee infrage stellen.*
>
> *Wir versammeln und befähigen unterschiedliche Akademiker, um offene Forschung [open inquiry], Meinungsvielfalt [viewpoint diversity] und eine konstruktive Streitkultur [constructive disagreement] zu fördern.*«[86]

Die *Heterodox Academy* reagiert nicht direkt und konkret auf die Einschränkungen der akademischen Freiheiten, sondern sie versteht sich als ein Bildungs- und Aufklärungsprojekt, das den positiven Wert der *hêteros dóxa,* d. h. der anderen Meinung, herausstellt und Veranstaltungen, Studien, Programme und Ratgeber entwickelt, um Praktiken der Heterodoxie zu stärken. So hat die Akademie einen Normenkatalog und Verhaltenskodex für ihre Mitglieder entwickelt, den sogenannten »HxA Way«, der beschreibt, wie man die drei Schlüsselprinzipien der Heterodoxie im eigenen beruflichen Umfeld vertreten kann.

Die Heterodox Academy veröffentlicht außerdem einen *Campus Expression Survey*, in welchem mithilfe empirischer Studien dokumentiert wird, wie stark die akademischen Freiheiten an US-Universitäten tatsächlich eingeschränkt sind.[87] Zudem gibt sie einen Ratgeber heraus, der Studienanfängern und ihren Eltern helfen soll, jene Universitäten und Fakultäten zu ermitteln, an denen die Heterodoxie-Prinzipien gelebt werden.[88] Die Akademie stellt damit genau wie das *College Free Speech Ranking* von FIRE jene Informationen bereit, die es Studenten und ihren Eltern ermöglichen, sich für die Universitäten zu entscheiden, an denen das Studium von wissenschaftlichen und nicht von politischen Standards geprägt wird. Das Kalkül dahinter ist, dass solche Entscheidungshilfen auf längere Sicht eine Konkurrenzsituation zwischen orthodoxen und heterodoxen Universitäten schaffen, so dass schließlich die Kräfte des Marktes den Ausschlag für die akademischen Freiheiten geben werden. Je dysfunktionaler Institutionen aufgrund einer starken Politisierung werden, desto mehr werden unpolitische Kriterien bei der gesellschaftlichen Ressourcenverteilung ins Gewicht fallen. Politiker, die ihren Haushalt zusammensparen müssen, fragen sich dann, welche Universitäten das größte wissenschaftliche Renommee besitzen oder wie hoch die Auslastungszahlen von Theatern sind.

Auffällig ist, dass es HxA weitgehend vermeidet, mit Begriffen wie *safetyism, wokeness* und *cancel culture* zu arbeiten und stattdessen das umständliche Fremdwort der »Heterodoxie« einführt. Der Grund dürfte darin liegen, dass besagte Begriffe als politisch besetzt wahrgenommen werden und so die Gefahr besteht, dass sie die bereits bestehende Politisierung noch einmal verstärken. Ein wesentliches Ziel der *Heterodox Academy* besteht aber gerade darin, einen parteiübergreifenden Diskussionsraum zu schaffen, in dem nur das bessere Argument zählt und die Frage, ob jemand Demokraten oder Republikaner wählt, keine Rolle spielt. Eine philosophische Untersuchung wie die unsere kommt aber nicht umhin, die Dinge beim Namen zu nennen, die sie analysiert, und explizit von Wokeness und Cancel Culture zu sprechen – auch wenn diese Ausdrücke in politischen Diskursen als Kampfbegriffe verwendet werden.

Ein wesentliches Motiv, das Jonathan Haidt zur Gründung der *Heterodox Academy* bewegte, war der Trend zu einer immer stärkeren politischen Homogenisierung des amerikanischen Universitätssystems. Das Verhältnis von Professoren, die sich selbst als Demokraten bzw. Republikaner bezeichnen, hat sich seit den 1990er-Jahren dramatisch verschoben und liegt inzwischen in fast allen geistes- und sozialwissenschaftlichen Fakultäten bei über 10:1, wobei dieser Trend wiederum an Eliteuniversitäten noch ausgeprägter ist. Dieser empirisch gut belegte Verlust an politischer Diversität untergräbt die Qualität wissenschaftlicher Forschungen – zum Beispiel, weil Wissenschaftler sich dann um Fragen und Forschungsmethoden versammeln, die ihr gemeinsames Narrativ bestätigen.[89] Insofern liegt der Schwerpunkt von HxA auch nicht darauf, Cancel Culture zu bekämpfen, sondern jene Bedingungen zu schaffen, in denen sich eine Cancel Culture gar nicht erst ausbilden kann: nämlich in einem Klima von politischer Diversität.

Einerseits lässt sich diese Überlegung leicht nachvollziehen, denn bekanntlich sind homogene Wertemilieus eine wesentliche Voraussetzung dafür, dass es hier zu Gruppenpolarisierungen kommt. In einem Raum mit unterschiedlichen politischen Fraktionen lässt sich niemand *canceln*. Andererseits lässt sich eine solche politische Diversität an Universitäten nicht einfach herstellen – man könnte sie nicht einmal quotieren, wenn man wollte. Genaugenommen kommt es an Universitäten nämlich gar nicht zu einer immer stärkeren Verschiebung hin zu »linken« Positionen, sondern die klassische Links-rechts-Unterscheidung transformiert sich in eine neue politische Differenz.

Diese neue politische Konfliktlinie definiert sich in einer Wissensgesellschaft vor allem über Bildungsunterschiede. Entsprechend werden die Universitäten und Kultureinrichtungen auch nicht einfach in einem langen Marsch durch die Institutionen von »der Linken« übernommen, sondern in den Bildungs- und Kultureinrichtungen sammelt sich nur noch ein einziges politisches Lager, das in einem kosmopolitischen Wertekosmos lebt. So hat eine Studie der *National Association of Scholars* ergeben, dass in 39 % der *Liberal Arts Colleges* in den USA mit einem Top-Ranking überhaupt keine republikanischen Professoren angestellt sind und dass fast 80 % der akademischen Fakultäten entweder keine Republikaner aufweisen oder so wenige, dass es keinen Unterschied macht.[90] Es ist schwer vorstellbar, dass sich an diesen Zahlen in den nächsten Jahrzehnten etwas ändert oder dass sich die Verhältnisse in Europa grundsätzlich anders entwickeln werden.

Ich habe andernorts ausführlich die These entwickelt, dass liberale Demokratien heute eine Phase des *politischen Realignments* durchlaufen:[91] Parteien und Wähler beginnen sich generell an einer Konfliktlinie auszurichten, die sich zwischen Globalisierungsgewinnern und Globalisierungsverlieren bildet und die alte Links-rechts-Unterscheidung überschreibt. Es stehen entsprechend kosmopolitische Milieus, die gut gebildet sind und in den Metropolen leben, kommunitaristischen Milieus gegenüber, die keinen Hochschulabschluss besitzen und in der Peripherie wohnen.

Aufgrund dieses tieferliegenden gesellschaftsstrukturellen Wandels dürfte Jonathan Haidts Forderung nach mehr »politischer Diversität« an Universitäten, im Journalismus oder in den Künsten eher unrealistisch sein. Das kosmopolitische oder linke Lager muss schon selbst ein Bewusstsein dafür entwickeln, dass eine Politisierung ihres beruflichen Umfelds sehr schnell zu Dysfunktionalitäten führt, welche die Institutionen nachhaltig beschädigen, in denen sie arbeiten.

Auch hierzulande wird man in Museen, Theatern oder auf Literaturfestivals kaum jemanden treffen, der CDU oder AfD wählt, was vor allem mit dem Berufsbild »Künstler« und dem dort besonders ausgeprägten Persönlichkeitsmerkmal der »Offenheit« zu tun hat – schließlich liegt darin eine wesentliche Voraussetzung für Kreativität. Menschen, die sich außergewöhnlich stark für neue Ideen und Erfahrungen interessieren, absolvieren eher ein Studium an Theater-, Musik- und Kunsthochschulen als Polizisten, Grundschullehrer oder Verwaltungsbeamte zu werden. Das heißt aber auch, dass sich in den Kunstszenen Menschen sammeln, die *offen* dafür sind, die Gesellschaft zu verändern.

Diese Entwicklung, dass bildungsintensive Institutionen sich immer stärker eindeutig einem politischen Lager zuordnen lassen, birgt ein erhebliches Gefahrenpotenzial für liberale Demokratien, denn es unterminiert für einen Teil der Bevölkerung das Vertrauen in ihre Institutionen. In einer Untersuchung von 2017 sagte erstmals eine Mehrheit von 58 % der Republikaner, dass Hochschulen und Universitäten einen negativen Einfluss auf die Entwicklung des Landes hätten.[92] Man kann diese Entwicklung auch nicht einfach korrigieren oder umkehren, da Menschen, die in einer globalisierten Wissensgesellschaft Politikwissenschaftler, Journalisten oder Künstler werden, aller Wahrscheinlichkeit nach kosmopolitische Werte vertreten und in gentrifizierten Wohnvierteln leben.

Genau dieser Vertrauensverlust in Institutionen, in denen gesellschaftliche Eliten ausgebildet werden, die eine reflexive Funktion für die gesamte Gesellschaft übernehmen sollen, bildet den Nährboden für Populismus – d. h. für politische Bewegungen, welche die »herrschenden Eliten« generell zum politischen Gegner der Bevölkerung erklären. Insofern kommt den Universitäten, dem Journalismus und den Kunstszenen heute eine besondere Verantwortung zu, die paradoxerweise darin besteht, den systemimmanenten Kräften zu einer Politisierung dieser Institutionen zu widerstehen – obwohl diese Politisierung im Einklang mit den dort gelebten kosmopolitischen Werten steht.

Wichtig wäre zunächst einmal ein explizites und aktives Unterscheiden von politischer und nichtpolitischer Kommunikation. In der analogen Welt des 20. Jahrhunderts stellten Institutionen diese konstitutive Unterscheidung aufgrund ihrer hohen Zugangsbarrieren und ihrer externen Nichtbeobachtbarkeit sicher; Institutionen funktionieren hier wie passive Kommunikationsfilter. In einer digitalen Medienwelt hingegen werden diese Grenzen zwischen System und Umwelt porös und müssen entsprechend durch aktive Kommunikationsfilter – d. h. durch Selbstreflexion der institutionellen Eigenwerte – stabilisiert werden.

Da sowohl die Wissenschaften als auch die Künste und erst recht der Journalismus es mit politisch relevanten Themen zu tun haben, kann diese Entkopplung von politischer und systemeigener Kommunikation nicht darin bestehen, politische Themen einfach *nicht* zu behandeln. Es geht vielmehr darum, sie in einer genuin wissenschaftlichen, künstlerischen oder journalistischen Weise zu bearbeiten. Das heißt aber auch, dass man von vornherein damit rechnen muss, dass wissenschaftliche Methoden zu Ergebnissen führen, welche im eigenen politischen Milieu nicht anschlussfähig sind, und dass Kunstwerke Phänomene zeigen, die jede Ideologie sprengen.

Angesichts einer starken Politisierung werden solche Institutionen ihre eigenen Leitbilder überarbeiten und ihnen explizit eine Ethik der politischen Interesselosigkeit einschreiben müssen. Damit ist, wie gesagt, kein Desinteresse an politischen Themen gemeint, sondern eine Selbstbeschreibung, die Forscher, Künstler und Journalisten darin bestärkt, in den politischen Konflikten, die sie thematisieren, nicht Partei zu ergreifen.

Im Prinzip formulieren die *Chicago Principles* und die *Heterodox Academy* auf je eigene Weise eine solche depolitisierende Ethik, die aber allen Beteiligten ein Höchstmaß an Selbstreflexivität und Argumentationskultur abfordert. All das kann man in einem Wirtschaftsunternehmen nicht voraussetzen, zumal hier Mitarbeiter aus antagonistischen politischen Lagern zusammenarbeiten. In den USA haben politische Kontroversen die Betriebsabläufe so stark gestört und das Management derart überfordert, dass eine Reihe von Firmenchefs politische Diskussionen am Arbeitsplatz einfach per Anweisung untersagen. Vorreiter in dieser Bewegung war *Coinbase*, ein amerikanisches Krypto-Unternehmen, das die politische Neutralität zu einem wesentlichen Bestandteil seiner eigenen Unternehmenskultur gemacht hat. In einem Brief an seine Mitarbeiter schrieb CEO Brian Armstrong 2020:

> *»Es ist üblich geworden, dass sich Unternehmen im Silicon Valley in einer Vielzahl sozialer Bereiche engagieren, auch in solchen, die nichts mit der Tätigkeit des Unternehmens zu tun haben, und es gibt sicherlich Mitarbeiter, die sich dies in ihrem Unternehmen wünschen. Warum haben wir also beschlossen, einen anderen Ansatz zu wählen? Der Grund dafür besteht darin, dass diese Bemühungen zwar gut gemeint sind, aber das Potenzial haben, in den meisten Unternehmen viel an Wertschöpfung zu zerstören, weil sie ablenken und zu internen Zerwürfnissen führen.«*[93]

Coinbase verpflichtet seine Mitarbeiter also aufgrund von Effizienzverlusten zur politischen Neutralität, woraus dann später ein Vier-Punkte-Verhaltenskodex abgeleitet wird:

> *»Wir werden intern nicht über politische Themen oder Kandidaten diskutieren, die nichts mit unserer Arbeit zu tun haben. Wir werden nicht erwarten, dass das Unternehmen unsere persönlichen Überzeugungen nach außen vertritt. Wir werden uns gegenseitig keine negativen Absichten unterstellen und geben einander Rückhalt. Wir werden uns auf den Kernbereich unserer Arbeit konzentrieren und ansonsten auf Aktivismus verzichten.«*[94]

Mit Blick auf unser Ideologiemaschinen-Modell kann man den Eindruck gewinnen, dass das *Coinbase*-Beispiel aus der

Reihe fällt. Die *Chicago Principles* haben die Redefreiheit als Eigenwert der Universität in deren Leitbild eingebaut, die *Foundation for Individual Rights and Expression* und die *Free Speech Union* gehen juristisch gegen Einschränkungen der Redefreiheit durch Verwaltungsapparate vor, der *Free Speech Director* ist eine Beschwerdestelle, welche der Redefreiheit an Universitäten über ökonomische Sanktionen zu ihrem Recht verhelfen will, und die *Heterodox Academy* besteht aus einem Verbund von Hochschullehrern, der sich auf der Ebene der Akteure einer Ethik und Praxis der nonkonformistischen freien Rede verschrieben hat. In all diesen Initiativen geht es um eine Stärkung der Redefreiheit an Institutionen; *Coinbase* hingegen schränkt die Redefreiheit in Bezug auf politische Themen ein.

In einem terminologisch präzisen Sinne geht es aber auch bei allen Free-Speech-Initiativen um eine Redebeschränkung – und zwar von politischer Kommunikation. Zwar sollen politische Themen nicht aus den Institutionen verbannt werden – dies wäre für eine Free-Speech-Organisation auch eine absurde Forderung –, aber diese Initiativen zielen darauf, das Machtmoment zu neutralisieren, das aller politischen Kommunikation inhärent ist. Es sind je unterschiedliche Versuche, die starken Interferenzen zu blockieren, die sich in einer digitalen Medienkultur zwischen wissenschaftlicher, künstlerischer, wirtschaftlicher Kommunikation auf der einen Seite und politischer Kommunikation auf der anderen Seite ausbilden. Eine Debatte, die auf die »Überzeugungsmittel« der Macht verzichtet, gehört a priori nicht mehr zur politischen Kommunikation.

Im Kontext der Systemtheorie ließe sich das Phänomen auch dahingehend beschreiben, dass sich in den symbolisch generalisierten Kommunikationsmedien, in denen die Wissenschaft, die Kunst und die Wirtschaft operieren, gewisse Auflösungserscheinungen beobachten lassen: Ihre konstitutiven Symbole der Wahrheit, der Kunst und des Geldes haben für diese Funktionssysteme ihre Distinktionskraft verloren. In einer solchen Situation wird es notwendig, diese Symbole so zu verstärken, dass sie auch in einer digitalen Medienwelt als prägnante Zeichen wahrnehmbar sind. Das heißt konkret, dass die Kommunikation in Universitäten noch einmal zusätzlich als wissenschaftliche Kommunikation ausgeflaggt werden muss und dass Kunstinstitutionen explizit die Künstlichkeit dessen betonen müssen, was auf ihren Bühnen und in ihren Ausstellungen gezeigt wird. Die Chicago-Prinzipien, die *mission statements* von Netflix, FIRE, FSU, HxA und die überarbeitete Unternehmensphilosophie von *Coinbase* erhöhen je auf ihre Weise die Leuchtkraft der Symbole, unter denen man wissenschaftlich, künstlerisch oder ökonomisch kommuniziert.

Im April 2022 wurde in Florida das »Gesetz zur individuellen Freiheit« verabschiedet, das auch als »Stop WOKE Act« bekannt geworden ist. Praktisch läuft es auf ein Verbot hinaus, die *Critical Race Theory* und verwandte aktivistische Theorien an öffentlichen Hochschulen zu lehren. In den folgenden sechs Punkten des Gesetzestextes wird inhaltlich festgelegt, was gelehrt werden muss, wenn man über Themen wie Rasse, Hautfarbe, nationale Herkunft, Religion, Behinderung,

Geschlecht, Meritokratie und historisches Unrecht spricht:

- »Niemand ist, allein aufgrund seiner Rasse oder seines Geschlechts, von Natur aus rassistisch, sexistisch oder unterdrückerisch, sei es bewusst oder unbewusst.
- Keine Rasse ist von Natur aus einer anderen Rasse überlegen.
- Niemand darf allein oder teilweise aufgrund seiner Rasse, Hautfarbe, nationalen Herkunft, Religion, Behinderung oder seines Geschlechts diskriminiert oder benachteiligt werden.
- Das Leistungsprinzip oder Charakterzüge wie eine hohe Arbeitsmoral sind nicht rassistisch, sondern gehören zum Recht eines jeden, nach Glück zu streben und für seinen Fleiß belohnt zu werden.
- Eine Person trägt aufgrund ihrer Rasse oder ihres Geschlechts keine Verantwortung für Handlungen, die in der Vergangenheit von anderen Angehörigen derselben Rasse oder desselben Geschlechts begangen wurden.
- Eine Person sollte nicht belehrt werden, dass sie Schuldgefühle, Ängste oder andere Formen der psychischen Belastung für Handlungen empfinden muss, die in der Vergangenheit von anderen Mitgliedern derselben Rasse oder desselben Geschlechts begangen wurden und an denen sie keinen Anteil hatte.«[95]

Eigentlich gehören diese Sätze zum Grundkonsens liberaler Demokratien, sie werden aber von aktivistischen Theorien wie der *Critical Race Theory* explizit bestritten. Das Gesetz dürfte nichtsdestotrotz verfassungswidrig sein, weil es gegen das Recht auf akademische Freiheit in den USA verstößt (und es wäre natürlich auch nicht mit der Forschungs- und Lehrfreiheit an deutschen Universitäten vereinbar). FIRE hat entsprechend Klage eingereicht, woraufhin einige Gesetzesteile wieder außer Kraft gesetzt wurden.[96]

Anders als der Präzedenzfall *Students for Fair Admissions v. Harvard* (2023), welcher formal die Politik der *affirmative action* in den USA beendet, fehlt das in Florida beschlossene »Gesetz zur individuellen Freiheit« in unserem Modell (Abb. 4). Der »Stop WOKE Act« ist kein Ideologieunterbrecher, sondern steht selbst für eine bestimmte politische Position. Es ist keine Option für liberale Demokratien, bestimmte Theorien an Universitäten einfach zu verbieten, sondern es kann nur darum gehen, die Ideologisierungsprozesse auszubremsen, welcher den offenen argumentativen Wettstreit beschränken. Die Universität ist der prädestinierte Ort in der Gesellschaft, an dem jede Theorie, und sei sie noch so aktivistisch konzipiert, debattiert und getestet werden sollte.

Im Sinne einer theoretischen Klärung hatten wir die politische Kommunikation als einen Widerstreit zwischen Sprachspielen bestimmt, welche die politischen Kernbegriffe in eine spezifische Konfiguration bringen und sich gegen Kritik immunisiert. Diese Ideologietheorie von Michael Freeden wurde durch das Argument ergänzt, dass die intrinsische Unbestreitbarkeit von Ideologien nicht nur auf Logik und Plausibilität beruht, sondern auch über die Androhung negativer Konsequenzen, d. h. im Medium der Macht, durchgesetzt wird. Wer die Geltung von Ideologien bestreitet, muss damit rechnen, dass man ihm oder ihr niedere moralische

Beweggründe vorwirft, unethisches Verhalten unterstellt oder ihre fachlichen Kompetenzen bezweifelt. Professionelle Politiker entwickeln eine gewisse Dickfelligkeit, um mit diesem moralischen Dauerstress umzugehen, oder nehmen die Vorwürfe sportlich, die zum Wettstreit zwischen Regierung und Opposition dazugehören. Alle anderen werden politische Kommunikation, die sie unvorbereitet trifft, als eine Form von Mobbing empfinden.

Generell kristallisieren sich am Modell der forcierten Gruppenpolarisierung zwei komplementäre Strategien heraus, Institutionen vor ideologischen Resonanzkatastrophen zu bewahren – die wie alle Resonanzkatastrophen ihre inneren Strukturen zerstören: Zum einen wird die semantische Differenz zwischen der systemeigenen (wissenschaftlichen, künstlerischen oder journalistischen) Kommunikationsform und der systemfremden politischen Kommunikationsform geschärft. Zum anderen werden Sicherungssysteme in die Institutionen eingebaut, welche die Macht der politischen Kommunikation – mithilfe anderer Formen der Macht – beschränken, sei es über Gerichtsprozesse und Gesetze, welche die Redefreiheit stärken, sei es über betriebsinterne Weisungen, welche zur politischen Neutralität verpflichten, sei es über eine Ethik der Heterodoxie.

Zum treibenden Faktor bei der Politisierung sozialer Systeme werden heute kommunikative Feedbackschleifen, die erst in einer digitalisierten Medienwelt entstehen und zu großen Verstärkungseffekten politischer Einstellungen in den entsprechenden Institutionen führen. Im Modell der

Ideologiemaschinen (Abb. 4) werden solche Rückkopplungen durch einen Pfeil veranschaulicht, wobei sie genau genommen nicht nur zwischen internen Aktivisten und Administrationen auftreten, sondern sich zwischen allen institutionellen Ebenen ausbilden und von außen getriggert werden können. Diese Feedbackschleifen gefährden nicht nur die operative Autonomie vieler Institutionen, sondern sie stellen auch das Grundprinzip einer jeden Demokratie infrage: »ein Bürger – eine Stimme«.

Im Unterschied zu einer Demonstration, bei der jeder und jede einem Anliegen mit dem eigenen Körper und der eigenen Stimme Ausdruck verleiht, kann die virtuelle Demonstration eines *shitstorms* von zwei, drei Aktivisten mit zehn oder zwanzig Internetprofilen ausgelöst werden, die mit ein paar Kommentaren die Resonanzfrequenzen ihrer politischen Netzwerke ansteuern. Da der Aufwand viel geringer ist, eine Nachricht oder ein Bild zu posten oder etwas zu retweeten als in persona auf die Straße zu gehen, gewinnen die Anliegen politischer Aktivisten jetzt eine potenzierte Sichtbarkeit und Dringlichkeit. Verschärft wird dieser Verstärkungseffekt noch dadurch, dass man unter dem Schutz der digitalen Anonymität vollständig verantwortungslos handeln und über die achte oder neunte Accountadresse bedenkenlos aggressive Botschaften versenden kann.

Im Prinzip besitzen alle Netzaktivitäten wie Posten, Kommentieren, Retweeten, Empfehlen, Folgen, Verlinken und Liken ein Verstärkerpotenzial.[97] Eine sehr effiziente Maßnahme, um solche Skalierungseffekte abzuschwächen, besteht darin, dass alle Nutzer, welche auf diesen Medien *aktiv* werden wollen, sich hierfür authentifizieren müssen. Große Tageszeitungen und Nachrichtenmagazine sind bereits dazu übergegangen, ihre Kommentarfunktion nur für Abonnenten zu öffnen, so dass eine Bezahlschranke dafür sorgt, dass hier nur noch reale Menschen interagieren. Auch wenn viele Abonnenten weiterhin unter Pseudonym schreiben, zivilisiert diese betriebsinterne Regulierung die Kommentarspalten enorm.[98] Mit einer Authentifizierung kann man zumindest Fake-Accounts oder Bots (sprich Roboter) von den Plattformen verbannen und sicherstellen, dass alle medialen Verstärkungseffekte personengebunden bleiben. Da solche Formen der Selbstregulierung die Vertrauenswürdigkeit von Plattformen steigern, existiert hierfür auch ein Anreiz.

Wie man sieht, lassen sich auf allen drei institutionellen Ebenen Ideologieunterbrecher in die sozialen Systeme einbauen, in denen es heute zu Selbstverstärkungseffekten politischer Kommunikation kommt. Früher oder später werden politisierte Institutionen in ihre je eigene Cancel Culture abdriften, denn es geht bei politischer Kommunikation wesentlich darum – dies ist die Quintessenz der hier entwickelten Ideologietheorie –, ein Sprachspiel zu kontrollieren und aktiv Sprachpolitik zu betreiben. Deswegen gefährdet politische Kommunikation die Freiheitsrechte der Wissenschaft und der Kunst im Kern. Eine Demokratie ohne Kunst- und Wissenschaftsfreiheit ist keine liberale, sondern eine illiberale Demokratie – ganz gleich, ob dieser Illiberalismus durch eine direkte politische Aushebelung der Gewaltenteilung oder über jene indirekten Mechanismen der forcierten

Gruppenpolarisierung zustande kommt, die wir in diesem Buch beschrieben haben.

Der liberale Charakter einer Demokratie manifestiert sich sowohl in ihren liberalen Institutionen als auch in den liberalen Einstellungen und Leitbildern der Menschen, die in diesen Institutionen arbeiten. Auf eine Reihe dieser Faktoren sind wir bereits bei den »Erklärungsmodellen« gestoßen, die unseres Erachtens zwar nicht das *Great Awokening* erklären, aber ganz entscheidende Rahmenbedingungen des Cancel-Culture-Syndroms benennen. So wurde im psychologischen und im soziologischen Erklärungsmodell deutlich, dass die psychische Disposition, die durch *safetyism* und *victimhood culture* erworben wird, in einem schweren Konflikt mit den grenzüberschreitenden Erfahrungs- und Reflexionsformen der Künste und der Wissenschaft steht.

Erst nachdem sich im 19. Jahrhundert eine Würdekultur gegen eine Ehrkultur in Europa durchsetzen konnte, entstanden die mentalen Voraussetzungen für die Politikform liberaler Demokratien. Die Subjekte mussten zunächst einmal lernen, dass sie ihre Würde als Menschen, ihre Achtung in der Gemeinschaft, aber auch ihre Selbstachtung nicht verlieren, wenn der Nachbar religiöse, weltanschauliche und moralische Werte vertritt, die das eigene Welt- und Selbstbild provozieren. Nur in einer Moralkultur, in der solche kognitiven Dissonanzen als Bagatellereignisse wahrgenommen werden, lassen sich die unendlich vielen kleinen Ärgernisse des Alltags, die man in einer Ehr- oder Opferkultur als Beleidigungen, Zurücksetzungen und Verletzungen wahrnehmen würde, ignorieren, ironisieren oder tolerieren –, ohne dass man sich deswegen sofort duelliert, vor Gericht zieht oder beschwert. In einer solchen Würdekultur, in der Ehrdelikte nicht mehr die gesamte Moralkultur prägen, sondern zu justiziablen Grenzfällen geworden sind, eröffnet sich ein gesellschaftlicher Freiraum der Toleranz, in dem die Meinungsfreiheit, die Kunstfreiheit und die Freiheit von Forschung und Lehre prosperieren können.

Diese Art von liberaler Persönlichkeitsbildung steht heute nicht nur nicht auf der Agenda des Bildungssystems, sondern sie wird von der vorherrschenden Selbstbeschreibung der Gesellschaft blockiert, die nach wie vor auf den zwei weltbildprägenden Postmoderne-Prinzipien beruht, die wir in dem entsprechenden Erklärungsmodell diskutiert haben: dass alles Wissen konstruiert ist und dass hinter allem Wissen Machtinteressen stehen. In diesen beiden Leitideen sind sämtliche aktivistischen Theorien der »angewandten Postmoderne« verankert, die sich in den 1990er-Jahren aus der philosophischen Postmoderne entwickelt haben und die Institutionalisierung einer Cancel Culture als »gerecht« beschreiben und legitimieren. Die Verdrängung der Würdekultur durch eine Opferkultur hat also *auch* philosophische Gründe.

Liberale Demokratien beruhen darauf, dass man die Konzepte von »Sprache« und »Handlung« klar unterscheiden kann und nur eine eng gefasste Klasse von »Ehrdelikten« (zu denen hierzulande Beleidigungen, üble Nachrede und Verleumdungen gehören) strafrechtlich relevant sind. Wenn man den Begriff der justiziablen Sprachhandlungen zu vage fasst, wie dies bei den sogenannten Hate-Speech-Gesetzen der Fall ist, führt dies unweigerlich zu einer Einschränkung der Redefreiheit.

Die aktivistischen Theorien, welche dem Cancel-Culture-Syndrom heute ihr theoretisches Fundament geben, dekonstruieren die konstitutiven Unterscheidungen der liberalen Moralkultur: die Unterscheidung von Sprache und Handlung, so dass es im Prinzip unmöglich wird, eine Grenze zwischen justiziablen und nichtjustiziablen Sprechakten zu ziehen. In dieser Dekonstruktion liegt die theoretische Rechtfertigung für die Konzepte der Trigger-Warnungen, der sicheren Räume, der Mikroaggression und jener anonymen Beschwerdestellen, in deren Umfeld Menschen für eine *victimhood culture* hypersensibilisiert werden.

Nachdem das postmoderne Weltbild ein halbes Jahrhundert lang recht gut funktioniert hat – d. h., nachdem es den liberalen Charakter liberaler Demokratien reflexiv stabilisieren konnte –, wird es heute dysfunktional. Erfasst von jener Dialektik der Aufklärung, von der man geglaubt hatte, dass man sie nach dem vermeintlichen »Ende der Geschichte« hinter sich lassen könnte, hat sich diese postmoderne Selbstbeschreibung in ein Legitimationsinstrument des Illiberalismus verwandelt. In diesem Sinne ist die Postmoderne heute definitiv an ihr Ende gekommen.

Damit dürfte die ganze Tragweite der Herausforderung deutlich werden, vor der die liberalen Demokratien des Westens heute stehen: Die digitale Revolution triggert eine allgemeine Selbstverstärkung politischer Kommunikation in Bildungs- und Kultureinrichtungen, die zu einer praktischen Erosion von Freiheitsrechten führt. Damit verschwinden in der Gesellschaft genau jene Freiräume, in denen liberale Demokratien im Medium von Bildung, Wissenschaft und Kunst ihr psychisches Substrat regenerieren können, d. h. wo Kinder, Schüler und Studenten sich als starke Subjekte begreifen lernen, deren Menschenwürde unantastbar ist. Dieser Reproduktionsprozess einer liberalen Moralkultur scheint mit der Gen Z unterbrochen zu sein.

Gleichzeitig existiert eine postmoderne Selbstbeschreibung der Gesellschaft, aus der heraus es selbstevident wirkt, dass man die Freiheitswerte systematisch zugunsten von Gerechtigkeitswerten einschränken kann und muss. Das Cancel-Culture-Syndrom besitzt also neben dem institutionellen auch noch einen mentalen und einen weltanschaulichen Aspekt, so dass eigentlich nicht nur einzelne Institutionen und Funktionssysteme eine Art von Systemtherapie durchlaufen müssten, sondern auch das Gesellschaftssystem als Ganzes.

Der politische Philosoph John Gray zeichnet in seinem Buch *The New Leviathans. Thoughts After Liberalism* (2023) ein düsteres Bild für die liberalen Demokratien des Westens. Aufgrund globaler Verteilungskämpfe um Nahrungsmittel und Ressourcen sieht er ein Zeitalter von Chaos, Anarchie und Instabilität heraufziehen, wie es Thomas Hobbes in seinem *Leviathan* (1651) beschrieben hat. Der Ruf nach dem starken Staat wird lauter, der globale Einfluss autoritärer

Regime wächst, und all dies geht mit einem komplementären Abdriften des Westens in den Illiberalismus einher:

> *»In der westlichen Gesellschaft versuchen rivalisierende Gruppen, die Macht des Staates in einem neuen Krieg aller gegen alle zwischen selbst definierten kollektiven Identitäten zu erobern. Es herrscht ein unerbittlicher Kampf um die Kontrolle von Gedanken und Sprache. Es gibt immer noch Enklaven der Freiheit, aber eine liberale Zivilisation, die auf der Praxis der Toleranz beruht, gehört der Geschichte an.«*[99]

John Grays »Gedanken nach dem Liberalismus« lassen sich leider nicht von der Hand weisen; das zutiefst pessimistische Buch könnte durchaus unsere nahe Zukunft beschreiben. Auch wenn sich das Erstarken eines globalen Blocks von Autokratien, Diktaturen und Theokratien kaum verhindern lässt, so gibt es zumindest die Möglichkeit, dass liberale Demokratien ihrem selbstgenerierten Illiberalismus entgegenarbeiten – und zwar genau mit jenen Mitteln, die nur freien Gesellschaften zur Verfügung stehen. Sie besitzen immer noch genügend Spielräume, ihre Gefährdungslage zu analysieren und daraus ihre Schlüsse zu ziehen. Die hier vorgestellte Analyse des Cancel-Culture-Syndroms kommt zu dem Schluss, dass liberale Demokratien ihre Institutionen gegenüber politischer Kommunikation ganz anders absichern müssen, als dies in einer analogen Medienwelt nötig war.

Nachwort

Eine Theorie, die Politisierungsprozesse analysiert, sollte nicht selbst politisch argumentieren. In diesem Sinne liegt der Anspruch dieses Essays darin, das Abdriften in ideologische Kommunikationsformen zu vermeiden. Im Prinzip handelt es sich bei der Theorie der forcierten Gruppenpolarisierung um eine politisch neutrale Theorie: Ideologiemaschinen können ein linkes oder rechtes Drehmoment besitzen. An einem Institut für Anglistik werden sich andere Diskurse als an einer Polizeischule verstärken. Allerdings stoßen wir auf die Schwierigkeit, dass jene forcierten Gruppenpolarisierungsprozesse, die wir hier beschrieben haben, in der Regel von Ideologien getriggert werden, die sich eindeutig einem politischen Lager zurechnen lassen. Ganz gleich, wie vorsichtig und vorausschauend man auch formuliert, allein aufgrund dieser Asymmetrie in der Sache lässt sich nicht vermeiden, dass sich Leserinnen und Leser finden, die den Text in ihr je eigenes Links-rechts-Schema einordnen.

Eine solche politische Lesart eines nichtpolitischen Textes muss man hinnehmen, wenn man über ein politisch brisantes Thema wie Cancel Culture schreibt. Was man versuchen könnte, wäre höchstens, den nichtideologischen Charakter des eigenen Textes mit einer Abschlussreflexion zu schärfen. So besteht eine operative Leistung der hier entwickelten Theorie darin, dass sie eine trennscharfe Unterscheidung zwischen politischer und nichtpolitischer Kommunikation formuliert. Entsprechend lässt sich diese Unterscheidung auch als Kriterium verwenden, ob dieser Essay den Standards des wissenschaftlichen Schreibens standhält oder in das politische Genre abgleitet.

Ideologien, so hatten wir gesagt, sind Sprachspiele, die sich in einer Konstellation politischer Kernbegriffe manifestieren und ihre eigene Unbestreitbarkeit nicht nur durch logische Schlüssigkeit und kulturelle Anlehnungskontexte garantieren, sondern in denen auch die internen Machtmechanismen einer Gruppenpolarisierung wirksam werden. Auch wir bringen die zentralen politischen Kernbegriffe der Freiheit und der Gerechtigkeit in eine spezifische Konfiguration, wenn wir die Wissenschafts-, Lehr- und Kunstfreiheit mit dem Gerechtigkeitsbegriff politischer Aktivisten konfrontieren, aus deren Perspektive eben diese Freiheitsrechte Formen von Ungerechtigkeit zementieren. Aber es fehlen dieser Erörterung die entscheidenden Ingredienzien, die einen Argumentationszusammenhang in eine Ideologie verwandeln: die Mechanismen der *decontestation*. Der vorliegende Text verzichtet, so hofft es zumindest der Autor, auf die Plausibilitätsressourcen der Polemik, Rhetorik, des Ressentiments und der Moral, er beruft sich nicht auf die Evidenzquellen von Glaubenssystemen oder die Gewissheiten eines sozialen Milieus, er appelliert nicht an den gesunden Menschenverstand oder an eine Idee von Vernunft, und er stellt auch die Achtung und Selbstachtung der Leser nicht infrage, wenn sie die Dinge anders sehen.

Die Theorie der forcierten Gruppenpolarisierung immunisiert sich nicht gegen Kritik, sondern macht sich – indem sie die Chancen ihrer eigenen Bestreitbarkeit *erhöht* – auch in einer besonderen Weise kritisierbar. Genau das ist das wesentliche Merkmal, anhand dessen sich ein wissenschaftlicher von einem politischen Kommunikationsstil unterscheiden lässt: Die Bestreitbarkeit der Argumente wird in dem einen Fall hochgeregelt und im anderen Fall heruntergedimmt. Die Wissenschaften folgen der intrinsischen Weisung, welche das Wissenschaftssystem konstituiert, die eigenen Prämissen und Theorieschritte möglichst transparent zu machen.

Unter diesem Leitbild eines wissenschaftlichen Kommunikationsstils haben wir auch die Theorie der forcierten Gruppenpolarisierung entwickelt: Wir beziehen uns auf Michael Freedens Ideologietheorie und Cass Sunsteins Gesetz der Gruppenpolarisierung, wir referieren empirische Untersuchungen, führen zahlreiche Beispiele an und verankern das Modell der Ideologiemaschinen in Niklas Luhmanns Gesellschaftstheorie. All dies erleichtert es Lesern, die einzelnen Argumentationsschritte nachzuvollziehen, sie zu akzeptieren oder zu verwerfen und sich ein eigenes Urteil über das Theoriemodell im Ganzen zu bilden.

Eine wissenschaftliche Theorie öffnet sich dezidiert der Kritik, aber nicht jedem beliebigen Einwand (wie etwa: »Luhmann-Texte sind unlesbar«). Die Einwände müssen selbst die Form der wissenschaftlichen Argumentation annehmen, wenn man seine Reputation als Wissenschaftler nicht beschädigen möchte. Auch hier handelt es sich um einen »Machtmechanismus«, der in die wissenschaftliche Kommunikation eingebaut ist, aber dieser beruht auf fachspezifischen Kompetenzen und funktioniert vollkommen anders als der, mit dem Ideologien Menschen dazu bringen, ein politisches Sprachspiel zu akzeptieren.

Die hier entwickelte Ideologietheorie vermag also nicht nur eine trennscharfe Unterscheidung zwischen wissenschaftlicher und politischer Kommunikation zu treffen, sondern sie kann sich auf dieser Grundlage auch selbst wieder als wissenschaftliche Theorie bezeichnen. Die Unterscheidung von Wissenschaft und Ideologie vollzieht ein *re-entry* auf der Wissenschaftsseite.[100]

Auch wenn sich dieser Text in einer Abschlussreflexion von politischer Kommunikation klar abgrenzen lässt, formuliert er nichtsdestotrotz einen normativen Standpunkt, indem er sagt: Es ist »gut«, die Ausbildung von Ideologiemaschinen im Wissenschafts-, Bildungs- und Kunstsystem zu blockieren und Ideologieunterbrecher in Institutionen zu implementieren. Dieses normative Urteil verdankt sich zwar keiner politischen Plausibilisierungsstrategie, aber dennoch steht die Frage im Raum, woher diese Wertung kommt.

Letztendlich ist die hier entwickelte »Kritik der Ideologiemaschinen« im Theoriegebäude der Luhmann'schen Systemtheorie verankert. Sie geht davon aus, dass moderne Gesellschaften funktional differenziert sind und entsprechend autonome Funktionssysteme wie das Wissenschafts- und das Kunstsystem ausbilden, indem sie eine symbolische Generalisierung der Kommunikation vornehmen. Diesen Differenzierungsform kann nur von einem politischen System gewährleistet werden, das selbst autonom operiert und entsprechend die Form liberaler Demokratien annimmt. Die Autonomie der Funktionssysteme ist nicht einfach ein historischer Fakt, den die Soziologie in der Moderne beobachten kann, sondern sie wird in liberalen Demokratien von einer Vielzahl von Freiheitsrechten abgesichert, zu denen auch die Wissenschafts-, Lehr- und Kunstfreiheit gehören. Ihre Restnormativität bezieht diese Theorie also aus der Verfasstheit und der Verfassung liberaler Demokratien; die *Ideologiemaschinen* sind genauso »politisch« wie das Grundgesetz. Liberale Demokratien beruhen auf einer Free-Speech-Culture und werden von jeder Cancel Culture – ganz gleich, ob sie von linken oder rechten Ideologien getragen wird – unterminiert. Wissenschaftsfreiheit, Lehrfreiheit und Kunstfreiheit sind Eigenwerte dieser Gesellschaftsform, die, so das Argument *in nuce*, durch Ideologiemaschinen suspendiert werden können. Auch diese Aussage lässt sich natürlich – *bestreiten*.

Endnoten

1. Siehe Freeden, M. (2003): Ideology. A very short introduction. Oxford (Oxford University Press), wo diese Ideologietheorie in komprimierter Form zusammengefasst ist. Das Buch bietet zudem den Vorzug, dass es auch die wesentlichen Ideologiekonzepte von Marx, Mannheim, Gramsci, Althusser vorstellt, so dass deutlich wird, weshalb gerade dieser Theorieansatz für die Gegenwartsanalyse instruktiv ist.

2. Ebd., S. 42. (Diese und alle folgenden Übersetzungen aus dem Englischen ins Deutsche stammen vom Autor.)

3. Ebd., S. 51 f.

4. Ebd., S. 97.

5. Ebd., S. 54.

6. Ebd., S. 1 f.

7. Freeden schreibt diesbezüglich: »Wenn wir über Ideologien sprechen, beziehen wir uns in diesem Buch hauptsächlich auf politische Ideologien und argumentieren, dass Ideologien politische Instrumente sind. Wenn das Wort Ideologie in einem anderen Sinne verwendet wird – wie zum Beispiel die Ideologie der Impressionisten oder von Jane Austen – wird es entlehnt oder verallgemeinert, um den viel vageren Begriff der kulturellen Ideen zu bezeichnen, die das betreffende Feld prägen oder den jeweiligen Akteur leiten. Ein Problem mit dem Begriff ›Ideologie‹ besteht darin, dass zu viele, die ihn benutzen, sich davor scheuen, ihm eine einigermaßen präzise, nützliche und erhellende Bedeutung zu geben.« Ebd., S. 3.

8. Luhmann, N. (2000): Die Politik der Gesellschaft. Frankfurt a. M. (Suhrkamp), S. 84.

9. Freeden, M. (2003): Ideology. A very short introduction. Oxford (Oxford University Press), S. 55.

10. Luhmann, N. (2000): Die Politik der Gesellschaft. Frankfurt a. M. (Suhrkamp), S. 45.

11. Vgl. ebd., S. 36–38.

12. Sunstein, C. R. (1999): »The Law of Group Polarization«. Law and Economics Working Paper 91. Verfügbar unter: https://chicagounbound.uchicago.edu/law_and_economics/542/ [25.04.2024].

13. Ebd., S. 6; 12–15.

14. Die Idee der Farbenblindheit (color blindness) bezieht sich auf den Satz aus Martin Luther Kings Rede »I have a dream« (1963): »Ich träume davon, dass meine vier kleinen Kinder eines Tages in einem Land leben werden, in dem sie nicht nach ihrer Hautfarbe, sondern nach ihrem Charakter beurteilt werden.« Vgl. https://kr.usembassy.gov/martin-luther-king-jr-dream-speech-1963/

15. Luhmann, N. (1994): Die Wissenschaft der Gesellschaft. Frankfurt a. M. (Suhrkamp), S. 247.

16. Ebd., S. 354.

17. Freeden, M. (2003): Ideology. A very short introduction. Oxford (Oxford University Press), S. 54.

18. Siehe das Kapitel »Norwegische Opra« in: Lehmann, H. (2023): Musik und Wirklichkeit. Modelle der Musikphilosophie. Mainz (Schott Music), S. 124–136 sowie das Video »Der Hegelsche Geist singt!«. Vortrag, Filmvorführung und Publikumsgespräch auf der 9. Phil. Cologne 2021. Verfügbar unter: https://youtu.be/7K6YGixyX9E [26.03.2024].

19. Siehe das Kapitel »Dispositiv« in: Lehmann, H. (2012): Die digitale Revolution der Musik. Eine Musikphilosophie. Mainz (Schott Music), S. 9–15.

20. Prinzipiell ist unser »Modell der forcierten Gruppenpolarisierung« aber so konzipiert, dass Gruppenpolarisierungsprozesse auch durch andere Kräfte als durch die Kräfte der Digitalisierung *forciert* werden können.

21. Nida-Rümelin, J. (2023): »Cancel Culture« – Ende der Aufklärung? Ein Plädoyer für eigenständiges Denken. München (Piper), S. 13.

22. Lukianoff, G. a. R. Schlott (2023): The canceling of the american mind. Cancel Culture undermines trust and threatens us all – but there is a solution. New York (Simon & Schuster), S. 21.

23. Kirchhof, F. (2023): Der Wirkungsbereich des Grundrechts auf Meinungsfreiheit. Neue juristische Wochenschrift 76 (27): 1922–1928.

24. Zitiert nach Seidler, U.: »Sitting Bull und die Nazis: Die Schaubühne entschuldigt sich«. Berliner Zeitung 18.02.2022.

25. Pressemitteilung der Berliner Schaubühne vom 17.02.2022. Verfügbar unter: https://www.schaubuehne.de/dateien/pressemeldungen/1645123149_pm_statement-zumpostvonensemblemitglied.pdf [28.03.2024].

26. Müller, T.: »Das Theater in Zeiten des Krieges«. Republik 13.05.2022. Verfügbar unter: https://www.republik.ch/2022/05/13/theater-in-zeiten-des-krieges [28.03.2023].

27. Laudenbach, P.: »Laberschock nach ›Artivismus‹« Süddeutsche Zeitung 26.01.2023.

28. Lukianoff, G. a. R. Schlott (2023): The canceling of the american mind. Cancel Culture undermines trust and threatens us all – but there is a solution. New York (Simon & Schuster), S. 27.

29. Ebd., S. 26.

30. Ebd., S. 30.

31. Pluckrose, H. a. J. Lindsay (2020): Cynical Theories. How activist scholarship made everything about race, gender, and identity – and why this harms everybody. Durham, DC (Pitchstone Publishing).

32. Zitiert nach der Originalausgabe: Pluckrose, H. a. J. Lindsay (2020): Cynical Theories. How activist scholarship made everything about race, gender, and identity – and why this harms everybody. Durham, DC (Pitchstone Publishing), S. 30 f., in eigener Übersetzung.

33. Zitiert nach der Originalausgabe: Pluckrose, H. a. J. Lindsay (2020): Cynical Theories. How activist scholarship made everything about race, gender, and identity – and why this harms everybody. Durham, DC (Pitchstone Publishing), S. 17, in eigener Übersetzung.

34. Zitiert nach der Originalausgabe: Pluckrose, H. a. J. Lindsay (2020): Cynical Theories. How activist scholarship made everything about race, gender, and identity – and why this harms everybody. Durham, DC (Pitchstone Publishing), S. 182, in eigener Übersetzung.

35. Luhmann, N. (2009): Die Realität der Massenmedien (= Neue Bibliothek der Sozialwissenschaften). Wiesbaden (Springer VS), 4. Aufl., S. 123 f.

36. Vgl. Brodkorb, M.: »Die samtpfötige Einschränkung der Wissenschaftsfreiheit«. FAZ 20.07.2023. Verfügbar unter: https://www.faz.net/aktuell/karriere-hochschule/ausladung-des-historikers-egon-flaig-wurde-nicht-plausibel-begruendet-19044685.html [28.03.2024].

37. Diese und die folgenden Ausführungen beziehen sich auf Kapitel 7 »Anxiety and Depression« in: Lukianoff, G. a. J. Haidt (2018): The coddling of the American Mind. How good intentions and bad ideas are setting up a generation for failure. London (Allen Lane), S. 143–161.

38. Die exakten Zahlen finden sich online in diesem Überblicksartikel von Jean Twenge: https://theconversation.com/why-teen-depression-rates-are-rising-faster-for-girls-than-boys-129732 [28.03.2024].

39. Lukianoff, G. a. J. Haidt (2018): The coddling of the american mind. How good intentions and bad ideas are setting up a generation for failure. London (Allen Lane), S. 178.

40. Campbell, B. a. J. Manning (2018): The rise of victimhood culture. Microaggressions, safe spaces, and the new culture wars. Palgrave (Macmillan).

41. Ebd., S. 238.

42. Siehe Asher, L.: »How Ed Schools Became a Menace to Higher Education«. Quillette 06.03.2019. Verfügbar unter: https://quillette.com/2019/03/06/how-ed-schools-became-a-menace-to-higher-education/ [02.04.2024].

43. Davies, S.: »Grounds for debate: The challenges to free speech in universities«. Institute of Economic Affairs Monographs 26.05.2021. Verfügbar unter: https://ssrn.com/abstract=3853553 [02.04.2024].

44. Ebd., S. 6.

45. Ebd., S. 21.

46. Ebd., S. 23.

47. Ebd., S. 24.

48. Hanania, R. (2023): The origins of woke. Civil Rights Law, corporate America, and the triumph of identity politics. New York (HarperCollins), S. 10.

49. Ebd., S. 25 f.

50. Siehe Civil Rights Act (1964): Title VII. Equal Employment Opportunity. Discrimination because of race, color, religion, sex, or national origin, Sec. 703, a (1). Verfügbar unter: https://www.archives.gov/milestone-documents/civil-rights-act#page-header [02.04.2024].

51. Siehe Endnote 14.

52. Vgl. Hanania, R. (2023): The origins of woke. Civil Rights Law, corporate America, and the triumph of identity politics. New York (HarperCollins), S. 14.

53. Dobbin, F. a. J. Sutton (1998): The strength of a weak state. The rights revolution and the rise of human resources management divisions. American Journal of Sociology 104 (2): 441–476. Verfügbar unter: https://dash.harvard.edu/bitstream/handle/1/3322830/Dobbin_StrengthWeakState.pdf?sequence=2 [02.04.2024].

54. Vgl. Lukianoff, G. a. J. Haidt (2018): The coddling of the american mind. How good intentions and bad ideas are setting up a generation for failure. New York (Penguin Books), Endnote 15, S. 311.

55. Lukianoff, G. a. R. Schlott (2023): The canceling of the american mind. Cancel Culture undermines trust and threatens us all – but there is a solution. New York (Simon & Schuster), S. 56.

56. Hanania, R. (2023): The origins of woke. Civil Rights Law, corporate America, and the triumph of identity politics. New York (HarperCollins), S. 46 f.

57. Dobbin, F. a. J. Sutton (1998): The strength of a weak state. The rights revolution and the rise of human resources management divisions. American Journal of Sociology 104 (2): 445 f. Verfügbar unter: https://dash.harvard.edu/bitstream/handle/1/3322830/Dobbin_StrengthWeakState.pdf?sequence=2 [02.04.2024].

58. Lukianoff, G. a. R. Schlott (2023): The canceling of the american mind. Cancel Culture undermines trust and threatens us all – but there is a solution. New York (Simon & Schuster), S. 69.

59. Caldwell, C. (2020): The age of entitlement. America since the sixties. New York. (Simon & Schuster), S. 237 f.

60. McWhorter, J. (2022): Woke Racism. How a new religion has betrayed Black America. London (Forum), S. 27.

61. Zitiert nach der Originalausgabe: McWhorter, J. (2022): Woke Racism. How a new religion has betrayed Black America. London (Forum), S. 31, in eigener Übersetzung.

62. Zitiert nach der Originalausgabe: McWhorter, J. (2022): Woke Racism. How a new religion has betrayed Black America. London (Forum), S. 37, in eigener Übersetzung.

63. Zitiert nach der Originalausgabe: McWhorter, J. (2022): Woke Racism. How a new religion has betrayed Black America. London (Forum), S. 43 f., in eigener Übersetzung.

64. Zitiert nach der Originalausgabe: McWhorter, J. (2022): Woke Racism. How a new religion has betrayed Black America. London (Forum), S. 51, in eigener Übersetzung.

65. Vgl. Luhmann, N. (1987): »Die Unterscheidung Gottes«. Soziologische Aufklärung 4. Beiträge zur funktionalen Differenzierung der Gesellschaft. Opladen (Westdeutscher Verlag), S. 252.

66. Siehe das Glossar der Neuen deutschen Medienmacher. Verfügbar unter: https://glossar.neuemedienmacher.de/glossar/weisse-deutsche/ [04.04.2024]; sowie den Eintrag »weiß/Weißsein« im Rassismuskritischen Glossar. Verfügbar unter: https://www.fernuni-hagen.de/chancengerechtigkeit/handlungsfelder/antidiskriminierung/rassismuskritisches_Glossar.shtml [04.04.2024].

67. Ausführlich zur linken rhetorischen Festung siehe Lukianoff, G. a. R. Schlott (2023): The canceling of the american mind. Cancel Culture undermines trust and threatens us all – but there is a solution. New York (Simon & Schuster), S. 115–128.

68. Ausführlich zur rechten rhetorischen Festung siehe ebd., S. 163–174.

69. Ebd., S. 159.

70. Ebd., S. 27.

71. Siehe Lukianoff, G. a. S. Stevens: Campus deplatforming. A data bonanza. 5. 3. 2024. Verfügbar unter: https://greglukianoff.substack.com/p/campus-deplatforming-a-data-bonanza [04.04.2024].

72. Lukianoff, G. a. R. Schlott (2023): The canceling of the american mind. Cancel Culture undermines trust and threatens us all – but there is a solution. New York (Simon & Schuster), S. 142 f.

73. Report of the committee on freedom of expression. Verfügbar unter: https://provost.uchicago.edu/sites/default/files/documents/reports/FOECommitteeReport.pdf [04.04.2024].

74. Ebd.

75. Siehe https://www.thefire.org/chicago-statement-university-and-faculty-body-support/ [04.04.2024].

76. Netflix Culture – Seeking Excellence. Verfügbar unter: https://jobs.netflix.com/culture [04.04.2024].

77. University Statement on Freedom of Speech. Notice of proposed amendments. Verfügbar unter: http://www.admin.cam.ac.uk/reporter/2020-21/weekly/6591/section1.shtml#heading2-4 [09.04.2024], (Übers. HL).

78. University of Cambridge (2020): University Statement on Freedom of Speech. Verfügbar unter: https://www.governanceandcompliance.admin.cam.ac.uk/governance-and-strategy/university-statement-freedom-speech [04.04.2024].

79. FIRE. Foundation for Individual Rights and Expression. Verfügbar unter: https://www.thefire.org/ [05.04.2024].

80. Siehe das Manifest des ***Netzwerkes Wissenschaftsfreiheit***. Verfügbar unter: https://www.netzwerk-wissenschaftsfreiheit.de/ueber-uns/manifest/ [05.04.2024].

81. About us. Verfügbar unter: https://freespeechunion.org/about/ [18.04.2024].

82. College free speech rankings. Verfügbar unter: https://rankings.thefire.org/rank [05.04.2024].

83. Higher education. Free speech and academic freedom. Verfügbar unter: https://assets.publishing.service.gov.uk/government/uploads/system/uploads/attachment_data/file/961537/Higher_education_free_speech_and_academic_freedom__web_version_.pdf [05.04.2024].

84. Landmark proposals to strengthen free speech at universities. Verfügbar unter: https://www.gov.uk/government/news/landmark-proposals-to-strengthen-free-speech-at-universities [05.04.2024].

85. Prof. Arif Ahmed appointed as OfS Freedom of Speech Director. Verfügbar unter: https://www.cam.ac.uk/news/prof-arif-ahmed-appointed-as-ofs-freedom-of-speech-director [05.04.2024].

86. About Heterodox Academy. Verfügbar unter: https://heterodoxacademy.org/the-problem/ [05.04.2024].

87. Campus Expression Survey. Verfügbar unter: https://heterodoxacademy.org/campus-expression-survey/ [05.04.2024].

88. Heterodox Graduate Student Resource. Tips for Finding a Program and Navigating Graduate School. Verfügbar unter: https://heterodoxacademy.org/wp-content/uploads/2021/12/Tips-for-Finding-a-Program-and-Navigating-Graduate-School-Final.pdf [05.04.2024].

89. Lukianoff, G. a. J. Haidt (2018): The coddling of the american mind. How good intentions and bad ideas are setting up a generation for failure. London (Allen Lane), S. 111.

90. Siehe hierzu Rauch, J. (2018): The constitution of knowledge. ***National Affairs***: 138. Verfügbar unter: https://www.nationalaffairs.com/publications/detail/the-constitution-of-knowledge [08.04.2024].

91. Siehe Lehmann, H. (2020): Kunst und Kunstkritik in Zeiten politischer Polarisierung. Ein Kippmodell des politischen Raumes. ***Merkur. Deutsche Zeitschrift für europäisches Denken*** 853: 5–21. Verfügbar unter: https://www.merkur-zeitschrift.de/artikel/kunst-und-kunstkritik-in-zeiten-politischer-polarisierung-a-mr-74-6-5/ [25.04.2024].

92. »Sharp Partisan Divisions in views of national institutions«. *Pew Research Center*. Verfügbar unter: https://www.pewresearch.org/politics/2017/07/10/sharp-partisan-divisions-in-views-of-national-institutions/ [08.04.2024].

93. Armstrong, B. (2020): Coinbase is a mission focused company. Verfügbar unter: https://blog.coinbase.com/coinbase-is-a-mission-focused-company-af882df8804 [08.04.2024].

94. Ebd.

95. CS/HB 7 – Individual Freedom. Verfügbar unter: https://www.flsenate.gov/Committees/BillSummaries/2022/html/2809 [08.04.2024].

96. Lukianoff, G. a. R. Schlott (2023): The canceling of the american mind. Cancel Culture undermines trust and threatens us all – but there is a solution. New York (Simon & Schuster), S. 146.

97. Vgl. Paßmann, J. (2018): Die soziale Logik des Likes. Eine Twitter-Ethnografie. Frankfurt a. M. (Campus).

98. Vgl. hierzu auch Haidt, J. (2022): »Why the past 10 years of american life have been uniquely stupid«. *The Atlantic.* Verfügbar unter: https://www.theatlantic.com/magazine/archive/2022/05/social-media-democracy-trust-babel/629369/ [08.04.2024].

99. Gray, J. (2023): The new leviathans. Thoughts after liberalism. London (Allen Lane), S. 3.

100. Das re-entry ist eine Reflexionsfigur aus der Systemtheorie, mit deren Hilfe sich paradoxe Abschlussprobleme auflösen lassen. In unserem Fall arbeiten wir mit der Unterscheidung Wissenschaft/Ideologie und stehen vor der Frage, ob wir – indem wir diese Unterscheidung treffen – wissenschaftlich oder ideologisch kommuniziert haben. Das Nachwort versucht, den Beweis zu erbringen, dass wir diese Leitdifferenz in den *Ideologiemaschinen* wissenschaftsförmig verwendet haben und es entsprechend zu einem re-entry dieser Differenz ins Wissenschaftssystem kommt.